CB140637

Destinos Invisíveis

UMA NOVA AVENTURA PELA ÁFRICA

© Guilherme Canever, 2019
© Pulp Edições Ltda, 2019

Nesta edição respeitou-se o Novo Acordo Ortográfico da Língua Portuguesa.

Edição: Vicente Frare e Fernanda Ávila
Projeto gráfico e diagramação: July Schneider
Coordenação gráfica: Patricia Papp
Prefácio: André Fran
Fotografias: acervo pessoal e Shutterstock
Revisão: Tânia Growoski

Dados Internacionais de Catalogação na Publicação (CIP)
Bibliotecária responsável: Maria Inês Meinberg Perecin – CRB 8/5598

C221i Canever, Guilherme
Destinos invisíveis: uma nova aventura pela África.
Curitiba: Pulp Edições, 2019.
290p.: il. Color

ISBN: 978-85-63144-59-1

1. África – descrições e viagens 2. África – oeste.

3. África – sul I. Título

CDD 916

[2019]
Todos os direitos reservados
PULP EDIÇÕES LTDA.
Rua Mamoré, 993
80810-080 – Curitiba – Brasil
Tel.: +55 (41) 3308-4097
e-mail: livros@pulpedicoes.com.br
www.pulpedicoes.com.br

Impresso no Brasil

GUILHERME CANEVER

Destinos Invisíveis

UMA NOVA AVENTURA PELA ÁFRICA

1ª EDIÇÃO

PULP EDIÇÕES

Aos meus filhos **Gabriel** e **Teresa** por darem um novo sentido à minha volta para casa.

Prefácio

Fazer o leitor se sentir viajando junto com o autor é um dos elogios mais clichê que se pode fazer a um livro de viagem. E um dos maiores desafios para o viajante que tenta passar para o papel toda aquela infinita gama de emoções, aprendizados e experiências que somente uma viagem pode proporcionar. Mas o Guilherme consegue realizar essa proeza com as mãos nas costas (acho que assim ficaria meio difícil digitar, né? Enfim, você entendeu o que eu quis dizer).

O mais legal de passear pelas páginas de Destinos Invisíveis – Uma Nova Aventura pela África é justamente essa sensação de estar viajando com o Guilherme. Mais do que aprender, entender e ter contato com locais e culturas a que poucos têm acesso, a impressão é que estamos explorando esses lugares "invisíveis" na companhia de um amigo de longa data. E não se trata aqui de um amigo comum, senhores. Nada disso. Mas aquele companheiro de viagem que estudou a fundo a história dos países que estão no roteiro, que está disposto a encarar a ocasional "roubada" para ter uma vivência mais realista dos locais visitados, e cuja curiosidade legítima faz a gente ansiar pela próxima aventura (e pela próxima página).

Viajante que sou, admiro o estilo de escrever do Guilherme – a quem acompanho desde seu primeiro livro: De Cape Town a Muscat, Uma Aventura pela África – em grande parte por perceber através de sua narrativa descontraída e informativa que seríamos grandes companheiros de andanças por aí. Conhecer países fora do roteiro tradicional, carregados de história, enfrentando desafios... tudo isso torna ainda mais valiosa essa grande lição de vida que é viajar. Já imaginou então como seria viajar tendo ao seu lado um misto de guia, historiador, produtor, jornalista e parceiro sempre disposto a encarar aquele passeio fora do roteiro ou aquele prato que não inspira muita confiança mas que é o símbolo máximo da gastronomia local? Eu pelo menos já imaginei. E, bem, seria exatamente zarpar por aí na companhia do Guilherme. Pude constatar isso inclusive de uma forma bem prática, e aqui devo fazer uma confissão: assim que coloquei as mãos neste livro que você lê agora, saltei direto para os países que não eram assim tão invisíveis para mim. No caso, Gana, Senegal e Tunísia, que por obra do destino, da profissão que escolhi e da curiosidade de viajante que divido com o autor, já tive a oportunidade de visitar.

Foi como se estivesse visitando pela segunda vez cada um desses locais. E, agora, junto de um parceiro que torna a experiência ainda mais divertida e engrandecedora. Senti o gosto da polenta de Gana como quando lá estive, me perdi de novo pelos mercadinhos do Senegal sentindo aquela brisa que vem do mar no meu rosto e passeei pelos bairros descolados de uma insuspeita Tunísia. Parti então para os outros destinos. Ao ritmo e sabor dos ventos, como se estivesse apenas seguindo viagem. Estranhamente, conforme eu ia lendo página após página o livro do Guilherme, já não sabia mais diferenciar os países onde eu já havia pisado daqueles que ainda não conhecia. Tudo fazia parte uma grande viagem. Um roteiro variado e diverso mas enraizado em algo que os unia a todos: o desconhecido. Novos cheiros, sabores, amigos e histórias. Novas culturas, lições e questionamentos. Tudo se misturava em uma experiência valiosa que é poder conhecer realidades tão distantes. Especialmente, em se tratando de destinos a que poucos têm acesso por estarem tão longe dos roteiros tradicionais. E esse é outro poder deste livro: ele não só nos permite viajar com o autor, como nos permite bisbilhotar destinos "invisíveis".

No final dessa jornada (sim, uma deliciosa jornada por esse mundão afora), mais um atestado de qualidade para qualquer livro de viagem: o gostinho de quero mais. E, no caso, com um sabor especial, que é a vontade de desbravar destinos invisíveis na companhia do Guilherme!

André Fran
Rio de Janeiro, maio de 2019

André Fran é jornalista, escritor e comentarista na Globo News. Como diretor e apresentador dos programas "Que Mundo É Esse?" e "Não conta lá em casa" viajou por diversos países fora da rota tradicional de turismo.

Introdução

No início de 2009, eu parti para uma viagem que me marcaria para sempre. Atravessei as regiões sul e leste do continente africano por terra, de ponta a ponta, saindo da Cidade do Cabo até Djibuti, jornada que deu origem ao meu primeiro livro, De Cape Town a Muscat - Uma aventura pela África. Foi o início de uma volta ao mundo que durou quase três anos. Mesmo depois de tantas outras aventuras, esta sempre teve um lugar especial no meu coração. Apesar da minha paixão pelo continente, cheguei a me questionar algumas vezes se o sentimento não estaria ligado à sensação de liberdade, desapego e de ter tomado a decisão certa em busca da felicidade. Teria sido essa aventura tão especial justamente por ter sido o começo da minha grande viagem? Tantos lugares, culturas, histórias e pessoas maravilhosas estariam em segundo plano? Seriam só coadjuvantes de um sentimento que eu teria em outro lugar?

Ao final da volta ao mundo cheguei a ensaiar um retorno à África, cogitando descer desde o Marrocos até a África do Sul. Por diversos motivos, na época optei, junto com a Bianca, minha esposa, por fazer outra jornada épica, percorrendo a incrível Rota da Seda, de Istambul até a Índia, passando pelos países da Ásia Central, viagem que foi relatada no livro De Istambul a Nova Délhi – uma aventura pela Rota da Seda. Tudo isso num período em que as informações não eram tão fáceis de obter e *smartphone* ainda era artigo de luxo. Apesar dos meus breves questionamentos, no fundo eu sabia que não estava enganado. Depois de voltar para o Brasil no final de 2011, comecei a me preparar para novas viagens, que a partir daquele momento seriam mais curtas, já que eu iniciara uma nova etapa da vida em casa. Comecei com uma viagem de quase um mês pelo Marrocos e Saara Ocidental. Até 2018 seriam outras sete viagens para o continente africano, quase todas relatadas neste livro. A sonhada jornada pelas regiões norte e oeste da África acabou sendo fracionada. O acesso à informação estava muito mais fácil, e o turismo mundial crescia como nunca. O turismo em massa passou inclusive a ser questionado em alguns destinos populares fazendo surgir um sentimento antiturismo.

Nunca se viajou tanto. Somente os três países mais populares entre os turistas, França, EUA e Espanha, receberam mais de 250 milhões de estrangeiros em 2018. No mesmo ano, 10 milhões de turistas visitaram uma única atração, o Museu do Louvre, em Paris.

Interessante que alguns destinos são descobertos, viram moda e permanecem, virando verdadeiros clássicos. Outros têm seu período de fama, mas no decorrer dos anos são substituídos e até esquecidos. Claro que existem lugares fantásticos que se tornam famosos justamente por isso, da mesma maneira que existem atrações que são pura jogada de marketing.

Longe das famosas atrações mundiais, os lugares listados como os que devem ser vistos antes de morrer, existem milhares de atrações extraordinárias que não estão estampadas nos anúncios das agências de turismo. São os Destinos Invisíveis. Se são invisíveis para a indústria de turismo não deixam de ser uma grande oportunidade para quem gosta de sair do lugar-comum.

Nem sempre são de fácil acesso, e com certeza existe certa dificuldade em planejar viagens para muitos países fora da rota tradicional. Mas a recompensa é grande. Existem atrações inimagináveis, histórias e culturas riquíssimas e aventuras memoráveis, além de muitas pessoas dispostas a ajudar ao longo do caminho. Imprevistos com certeza acontecerão, mas assim como na vida não deixam de ser um tempero especial para o caminho escolhido.

Não é porque menos de 30 ou 50 mil pessoas visitam um país em um ano inteiro que ele não tem coisas interessantes para se conhecer. Se as atrações em si já não fossem suficientes, as experiências de viagem e aprendizados já valeriam a pena. E como!

Nesse sentido a África é um prato cheio. O continente africano tem 55 países membros da União Africana, 56 se considerarmos a Somalilândia, nação independente *de facto* desde 1991. Situação curiosíssima que relato no meu livro Uma viagem pelos países que não existem. É o continente com o maior número de países, porém o menos explorado. Somente Marrocos, África do Sul e Egito recebem quase cinquenta por cento dos turistas que visitam a África. Os outros 53 países são destino de somente dois e meio por cento dos turistas que viajam mundo afora. Existem incontáveis oportunidades para serem descobertas.

Apesar das origens e toda a formação do Brasil, temos uma visão completamente eurocêntrica e acabamos estudando muito pouco a história e o continente africano em si. Sinto-me privilegiado em ter conhecido 35 nações africanas, e quase que na obrigação de dividir o que vi e vivi por lá. A maior parte são Destinos Invisíveis, renegados pela indústria de turismo, mas a minha nova aventura pela África foi sensacional.

Índice

PARTE I (2015)

20. Gana
34. Burkina Faso
50. Níger
66. Benim
76. Togo

PARTE II (2016)

90. Senegal
100. Gâmbia
112. Guiné-Bissau

PARTE III (2016)

128. Lesoto
140. Suazilândia
150. Zimbábue

PARTE IV (2017)

166. Argélia
182. Tunísia

PARTE V (2018)

196. Serra Leoa
214. Libéria
224. Guiné

PARTE VI (2018)

246. Mauritânia
264. Mali

Parte I

6.513 km

NKONYIMDZIFO

Rota I

NÍGER
NIGÉRIA
ÁFRICA

Gana

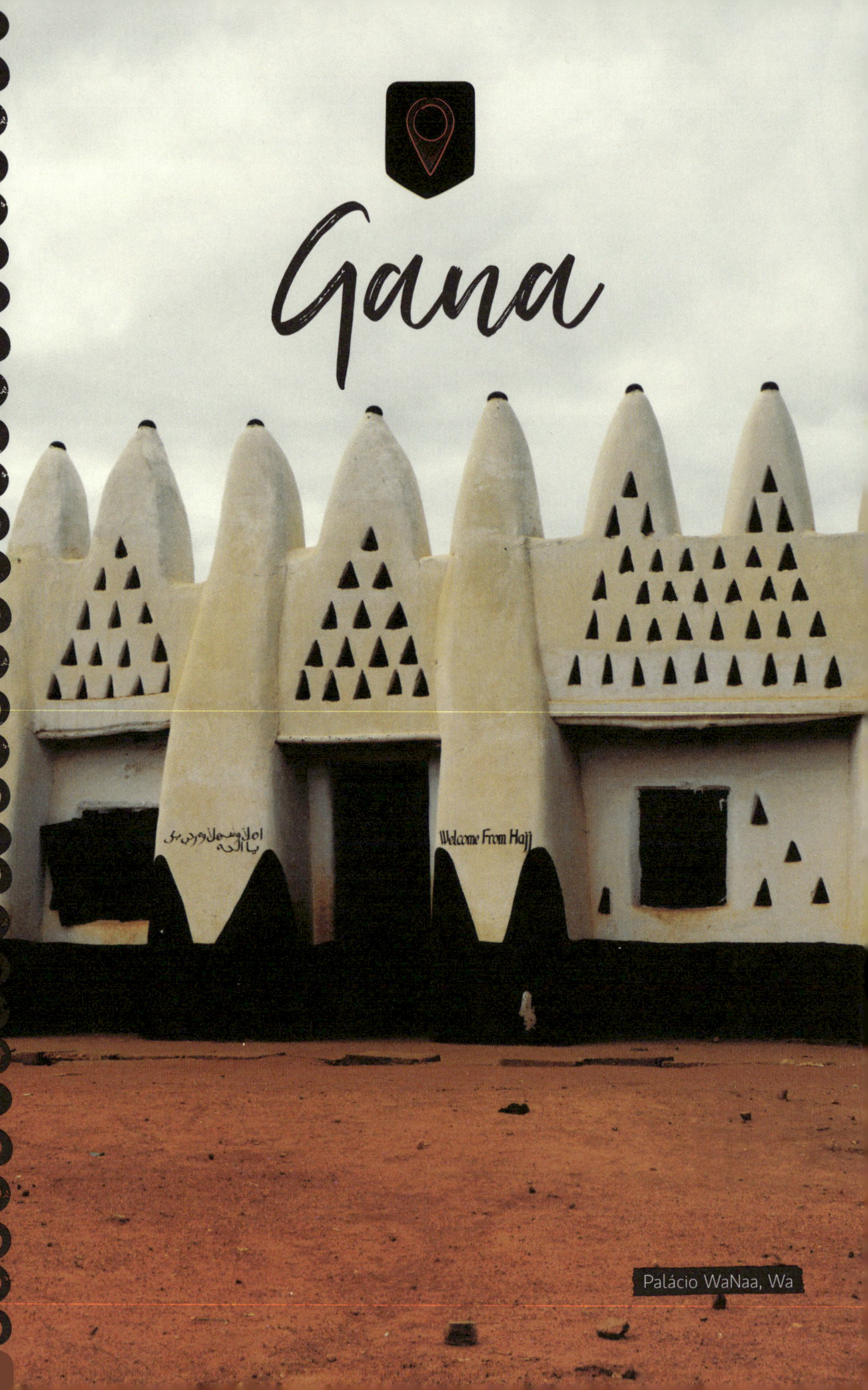

Palácio WaNaa, Wa

CAPITAL ACRA

Nome oficial
República de Gana

Forma de governo
República Presidencialista

População
30.280.811 (46ª maior do mundo, 14,4% da população do Brasil)

Visto
emitido na embaixada em Brasília

Número de turistas/ano
900 mil - Ranking Turismo – 116º

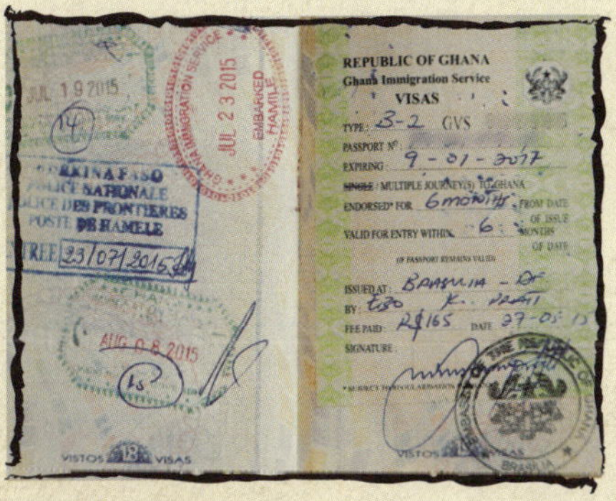

Área
238.533 km² (80º maior do mundo, 2,8% da área do Brasil)

Moeda
cedi

Idiomas
- **Oficial:** inglês. Akan é o mais falado.
- **Línguas patrocinadas pelo governo:** akuapem twi, asante twi, ewe, dagaare, dagbani, dangme, ga, gonja, kasem, mfantse e nzema

Produto Interno Bruto (PIB) *per capita* (FMI)
US$ 2,206 (137ª posição)

IDH
0,592 (140ª posição)

Para saber mais:
- **Filmes**: Gold Coast, direção de Daniel Dencik
Sing of a well, direção de Leila Djansi
- **Livros:** O caminho de casa, de Yaa Gyasi

A COSTA DO OURO E O IMPÉRIO ASHANTI

Gana foi uma das primeiras colônias africanas a conquistar independência, ainda em 1957. A Costa do Ouro se juntou ao antigo Império Ashanti e outros dois protetorados britânicos para formar o novo país. Historicamente, não faz muito sentido. São povos e línguas completamente diferentes, mas como país moderno até que funcionou. Os primeiros europeus que chegaram à chamada Costa do Ouro foram os portugueses, seguidos pelos dinamarqueses, holandeses e britânicos. As influências de todos eles são fáceis de observar na arquitetura e no nome dos diversos fortes espalhados pela costa, de onde levavam escravos, marfim, pimenta e ouro, é claro.

Os guias de viagem apresentam Gana como África (Ocidental) para iniciantes, uma descrição bastante precisa. É um país muito fácil de visitar, relativamente barato, riquíssimo culturalmente, seguro e onde o inglês é a língua oficial. Não por acaso, muitos jovens ocidentais escolhem a região para fazer trabalhos voluntários.

Eu cheguei à capital de Gana, Acra, depois de uma longa viagem de avião via Johanesburgo. Era domingo, e acabei tendo uma impressão relativamente distorcida da cidade. Perto do aeroporto há diversos casarões ocupados por embaixadas, avenidas largas e sem trânsito, com poucas pessoas nas ruas. Uma tranquilidade inimaginável.

Como voltaria para Acra ao final da viagem, fui direto para um albergue num subúrbio, já bem perto dos transportes para a costa oeste do país. Ao lado do anel viário que contorna a cidade, vê-se uma grande favela com casebres de madeira e telhado de metal. Apesar do tamanho do bairro, tudo também estava bastante calmo por ali. Descobri que era uma favela habitada principalmente por pessoas do norte de Gana, que são de maioria muçulmana, diferente dos povos do sul, que normalmente são animistas e cristãos. Era o fim do feriado do Ramadã e todos deveriam estar em suas casas celebrando com suas famílias.

Cheguei ao *hostel*, e claro que o preço era melhor do que se tivesse reservado com antecedência. São poucos os lugares no mundo onde vale a pena reservar. Normalmente, ao chegar ao balcão de um estabelecimento simples, no mínimo você tem o desconto da taxa cobrada pelos sites da internet. Isso sem falar no poder da negociação. Olhando a estrutura, dava para imaginar que provavelmente seria o melhor hotel em que eu ficaria em toda a viagem. E foi. O único com água quente e café da manhã e um dos poucos com Wi-Fi. A maior parte dos outros hotéis em que me hospedei nem sequer tinham endereço na internet, porém foram mais baratos.

Claro que a capital de um país populoso como Gana não poderia ser tão pacata. Depois de viajar por outros quatro países do oeste da África voltei a Acra para pegar o voo de volta para o Brasil e encontrei uma cidade toda movimentada, colorida, cheia de pessoas nas ruas, principalmente no distrito de Jamestown, onde a vida pulsa.

Mas, no subúrbio onde eu estava naquele momento, não deu para perceber isso. Saí cedo, e mesmo os grandes pátios de transporte, semelhantes a rodoviárias, apesar de movimentados, não estavam cheios. Provavelmente por causa do feriado. O ônibus que eu procurava não passou, então não tive alternativa a não ser pegar um tro-tro (lotação) até outra região de onde saem os tro-tros para as diversas cidades da costa.

Ponte em Akwidaa

Foi uma ambientação para a viagem que estava por vir. Eu era um dos primeiros passageiros e os veículos só saem quando lotam. Numa viagem terrestre pela África não se pode ter pressa, tem que deixar as coisas acontecerem. Um alto-falante ficava repetindo o destino da van, e o cobrador insistia para que as pessoas entrassem, mesmo que quisessem ir para outro destino. Dezenas de vendedores ambulantes ofereciam de tudo. Nada insistentes, não estavam vendendo nenhum artigo para turistas, somente produtos de uso do dia a dia como roupas, marmitas, água ensacada, escovas de dente, perfumes, qualquer coisa que alguém pudesse querer comprar. E o comércio informal funcionava, pois todos pediam para ver, avaliavam o produto, às vezes compravam. Um ambulante que vendia espelhos fez sucesso no tro-tro em que eu estava e vendeu diversas unidades. Muitos desses produtos são carregados na cabeça, independentemente da quantidade e tamanho.

Fiquei conversando com o pessoal, tentando aprender sobre o lugar, a cultura e observando atentamente o dia a dia local. As roupas dos outros passageiros chamaram minha atenção. Todos impecáveis, me fazendo parecer um maltrapilho. Quando senti cansaço e as conversas pareciam se repetir, a lotação saiu.

No caminho, diversas obras de viadutos e estradas apontavam placas da construtora Queiroz Galvão, e na saída de Acra, havia uma placa de amizade de Gana e Brasil, comemorando a parceria entre os dois países*.

Uma estrada simples, sem muito movimento, leva até Cape Coast, antiga capital da Costa do Ouro e importante atração turística. Lá se encontram os imponentes castelos de Cape Coast e Elmina. A palavra Elmina deriva de El Mina, e refere-se ao antigo forte português São Jorge da Mina. A grandiosa fortificação branca, com escadarias majestosas, cercada por coqueiros, poderia se destacar pela beleza arquitetônica ou pelo contraste que faz com o azul do mar e com os barcos coloridos. Infelizmente a macabra história do lugar é o que mais chama atenção, e fica na lembrança. Inicialmente construído para o comércio de ouro, foi transformado para o crescente e rentável comércio de escravos enviados para as Américas. A população local chama estas fortificações de Fortes da Morte.

A locomoção para o forte de Cape Coast, cerca de quinze quilômetros de Elmina, foi feita de moto. A história parecia se repetir, mas em proporções

* Obras da empresa em Gana foram mencionadas na Lava Jato alguns anos depois. (N. do A.)

Praia de Ezile Bay

e ganância ainda maiores. Os europeus foram ampliando as fortificações e suas masmorras, que chegavam a abrigar mais de 1.500 escravos de uma só vez. Milhões foram cativos ali antes de ser enviados para o outro lado do Atlântico. Alguns morreram na captura, outros antes de embarcar, muitos durante a viagem. Pesquisadores estimam que mais de cinquenta por cento dos escravos morreram antes de ser vendidos. Os que sobreviveram, privados de direitos e liberdades, ajudaram a sustentar o crescimento e desenvolvimento da Europa, através do seu sangue e seus trabalhos nas colônias do Novo Mundo.

Existem dezenas de fortes e castelos espalhados por toda a costa de Gana, muitos deles listados como patrimônio cultural pela UNESCO. Cape Coast e Elmina são apenas dois dos mais grandiosos, bem conservados e famosos, mas a visita a alguns outros é igualmente recompensadora. Se a logística dificulta, a experiência da viagem valoriza ainda mais o destino. Peguei um transporte para Takoradi, outro tro-tro para a interseção de Agona e um táxi coletivo por estrada de terra até a vila de pescadores de Dixcove. Uma pequena rua levava até a pitoresca baía em forma de ferradura. Incontáveis barcos de pesca com suas bandeiras tremulando, devido ao forte vento, davam um clima todo especial ao lugar. As pessoas, assim como em outras regiões do país, eram muito simpáticas

Difícil passar por alguém que não perguntasse: "Tudo bem?", "Fez boa viagem?" ou dissesse "Bem-vindo". Não eram invasivos, mas sim sempre muito educados. No meio daquela vila de pescadores, fervendo de gente para cima e para baixo com caixas de frutos do mar, não foi difícil avistar o Forte Inglês Metal Cross se destacando no topo da pequena colina ao lado esquerdo da praia. Ao me aproximar, fiquei com a impressão de que estava fechado, mas um rapaz logo se dispôs a abri-lo e me contar a história do lugar por alguns trocados. Kojo era jovem, talvez uns 15 ou 16 anos. Confidenciou-me que não gostava de pesca, para desespero da sua família. Preferia os livros, mas abandonou a escola há alguns anos. De qualquer forma, conhecia cada detalhe do forte.

Aquele forte vazio, quase fantasmagórico, trazia a lembrança de todo o tráfico de escravos que aconteceu na região. Pensamentos que dificilmente se afastaram da minha mente ao longo da viagem, assim como a pergunta que meu novo amigo Kojo me fez: "Como você se sente sabendo que isso tudo aconteceu?".

A calma, o abandono e o cheiro de morte do forte contrastavam com a vida e a energia da pequena Dixcove. Em uma vila de pescadores nunca é difícil achar algo para comer. Como se eu tivesse encomendado, a primeira opção que encontrei foi um dos meus pratos preferidos, lula. Foi numa barraquinha de rua, não tinha acompanhamentos, apenas um tempero apimentado que eu não soube identificar. Perguntei se era seca ao sol, mas indicaram que era frita. Seguindo a etiqueta dos outros consumidores, eu pegava a lula inteira e ia arrancando os pedaços dos tentáculos com os dentes. O vendedor, e alguns curiosos, aguardavam ansiosos por um posicionamento meu quanto ao sabor. Depois que elogiei, responderam com gargalhadas e murmúrios. Junto com o troco o pescador embrulhou em uma folha de caderno usada alguns peixinhos fritos para eu levar na viagem. "Você vai gostar destes também", ele afirmou confiante.

Em Dixcove não existem hotéis, o que não significa que não haveria lugar para dormir. Kojo certamente ofereceria ou encontraria alguém disposto a ceder uma esteira por uns trocados. De qualquer forma, decidi seguir viagem. Basicamente eu tinha duas alternativas. O balneário de Busua, com diversas pousadas em uma praia maravilhosa ou a vila de Akwidaa, que tem uma ou outra pousada em praias próximas. Como a ideia não era descansar acabei optando por Akwidaa e a praia de Ezile Bay, logo ao lado.

Vista de Dixcove desde o Forte Metal Cross

Praça da independência, Acra

Peguei outro táxi coletivo de volta para a interseção em Agona, onde aguardei um transporte que fosse para Akwidaa. A única opção foi um caminhão estilo pau-de-arara que, no final da tarde, recolhia os trabalhadores que extraíam borracha nos seringais ao lado da estrada esburacada. De Akwidaa, uma rápida caminhada pelo costão beirando o rochedo levou-me até Ezile Bay, uma praia particular, com diversos chalés simples à beira-mar, um pequeno restaurante e uma vista maravilhosa. O tempo não estava ajudando muito e eu era o único hóspede do lugar. O preço não era ruim, pagando em cedi, moeda local, custava o equivalente a menos de cinco dólares para um quarto coletivo. Sem nenhum outro hóspede na praia inteira, acabei ficando sozinho.

A dona da pousada mora na Europa, mas os três funcionários estão sempre atentos para qualquer hóspede que apareça. Um vai e vem de pessoas não deixa o lugar parado, afinal a vila é ali ao lado. Dividi meu tempo entre longas conversas com os funcionários, banhos de mar, jogos com as crianças, caminhadas até as ruínas do forte Dorothea e exploração da parte velha de Akwidaa, uma pequena vila, mas muito populosa e com um dia a dia bastante ativo.

Quem vive de pesca têm que trabalhar duro, todos os dias, para garantir o seu sustento. Para chegar à parte velha é preciso atravessar uma ponte de madeira de arquitetura curiosa, parece um artesanato gigante, devido à forma que as toras foram amarradas e dispostas. Homens se dedicam à pesca enquanto mulheres moem milho e mandioca nos pilões. Naquele dia um som de tambor ao fundo parecia dar ritmo para as atividades. Segui a música e descobri que não era nada programado, apenas alguns jovens se divertindo.

Quando chegou o dia de partir, comi bem numa pequena feirinha antes de encarar um dos primeiros tro-tros da manhã. Tinha uma longa estrada pela frente: Akwidaa-interseção em Agona-Takoradi. Em Takoradi me recomendaram não pegar um tro-tro e sim um Ford, que seria mais rápido. Eu achei que o tal Ford seria um carro individual e não uma van. Na verdade muda somente a marca do veículo, o conceito de transporte é o mesmo, uma lotação.

À medida que ia avançando em direção ao norte do país, o clima se tornava mais tropical. Regiões de florestas começaram a aparecer e o verde a se destacar. Lentos caminhões carregando grandes toras faziam parte do cenário e reduziam a velocidade da viagem. Nosso motorista era hábil em pagar propina. Assim que a polícia parava o Ford ele discretamente deixava uns trocados com o oficial e era liberado após um rápido aperto de mão.

A chegada em Kumasi, a segunda maior cidade do país, foi cansativa. Quilômetros de congestionamento, filas intermináveis e buzinas ensurdecedoras me lembraram porquê eu prefiro cidades pequenas. Deu vontade de descer e seguir a pé, mas eu tinha que chegar ao centro da cidade, pois ainda não sabia onde iria me hospedar. Depois de finalmente chegar, não foi difícil achar um lugar bom e barato, além de bem localizado.

Saí para explorar o gigantesco mercado central, também chamado de Kejetia, um dos maiores do oeste da África e que parece recém-saído do Big Bang. Está em expansão, não se sabe onde inicia nem onde termina e o caos ainda impera. É possível comprar de tudo: alimentos, roupas, produtos de limpeza, joias e produtos chineses. Nada que me interessasse, se bem que procurei arduamente os pratos com carne de morcego, tão comuns na região, mas não achei. Dos produtos expostos, os que mais me chamaram atenção foram os belos tecidos coloridos. Infelizmente ainda teria muita viagem pela frente, e não estava disposto a aumentar o peso da minha mochila.

Incrível como me senti em casa rapidamente em Gana. Andei para cima e para baixo, inclusive à noite, sempre me sentindo seguro. Comi muito Comi e Fufu, pratos que parecem uma espécie de polenta pegajosa em que misturam um molho de peixe. O molho é que dá o sabor, pois a comida mesmo é só para saciar a fome. Seguindo a etiqueta local, sempre se come com as mãos. A textura, temperatura e processo acabam deixando as refeições bastante lentas. É o mesmo que o Ugali, tão comum no leste da África.

Kumasi é a antiga capital do Império Ashanti, que dominou toda a região central de Gana. Era um dos grandes fornecedores de escravos para os europeus e resistiu a diversas guerras antes de ser conquistado pelos ingleses. Até hoje o rei Asante, chamado Asantehene, tem bastante influência e um poder político paralelo. Ele é muito admirado pelo povo Akan, que habita a região. Um programa muito interessante na cidade é visitar seu palácio, o Manhyia Palace, onde há um museu que permite conhecer um pouco mais da história do reinado. Kumasi também é a cidade natal do ex-secretário-geral da ONU, Kofi Annan. Descobri que naquela região os nomes são atribuídos de acordo com o dia em que a criança nasceu. Todos os meninos que nascem em uma sexta-feira são chamados de Kofi! Se fosse no sábado seria Kwame. Além da costa, algumas das regiões mais procuradas pelos turistas em Gana ficam nos arredores de Kumasi, sem falar do grande lago artificial Volta. Existem bons parques nacionais como o Mole, mas meu próximo destino era o extremo noroeste do país, já bem perto da fronteira com a Costa do Marfim e Burkina Faso.

Consegui somente um ônibus convencional, que segundo a vendedora de passagens sairia "perto das 4 horas da manhã, quando lotasse". Acordei bem cedo para garantir o meu lugar. O ônibus não era nem um pouco confortável o que acentuou o meu mau humor da noite maldormida. De qualquer forma logo me convenci de que seria a melhor forma de viajar.

Forte Elmina

Os outros passageiros do ônibus eram pessoas muito simples e tradicionais, quase todas com grandes cicatrizes no rosto. As cicatrizes funcionam como uma espécie de carteira de identidade para os povos de diversas regiões. Ao olhar a marca já é possível identificar a qual etnia ou grupo pertencem. Claro que não é possível reconhecer todos os sinais, mas as comunidades mais familiares, que têm contato com mais frequência, ficam conhecidas. Já havia visto isso, mas nunca com tanta intensidade. Algumas pessoas tinham um risco longo que vinha desde o final do olho até perto da boca, outras mostravam três ou quatro riscos como se fosse um bigode de gato, outras tinham uma pequena marca, quase um ponto, na bochecha. Daria para fazer um ensaio fotográfico para um livro, tamanha a variedade. Cheguei a pedir para tirar uma foto de um senhor com quem eu conversei em uma das paradas. Ele negou gentilmente, e pouco tempo depois se afastou, não quis mais conversar comigo. Não adianta, a máquina fotográfica atrapalha muito em viagens desse tipo. É preciso curtir o momento, gravar na memória, caso contrário vai perder completamente a interação com as pessoas.

Muitas horas de viagem depois, a paisagem começou a mudar novamente. De floresta viva e verde, passou a ficar mais árida, tipo um sertão, com tons de marrom e vermelho. Eu parecia uma criança quando avistei a primeira mesquita com arquitetura sudano-saheliana, tão comum nessa região. São feitas de barro e toras para a sustentação interior e exterior, têm um estilo único.

Cheguei a Wa e estranhei que as pessoas não eram tão simpáticas e atenciosas como no restante do país. Sorriam menos também. Havia aquele clima de cidade fronteiriça, meio terra de ninguém. Explorei a pequena cidade e a antiga mesquita que já está bastante deteriorada, quase abandonada no meio de casebres. O ponto alto da caminhada foi o Palácio do Wana, chefe do povo Wala. Consegui conversar com o filho do Wana, mas ele disse que seu pai estava muito ocupado, que seria necessário marcar uma audiência com bastante antecedência para ser atendido. Fiquei curtindo o palácio, todo feito de barro com arquitetura semelhante a das mesquitas. Brinquei com crianças e, quando estava jantando, um jovem com uniforme escolar se aproximou pedindo dinheiro. Foi a primeira pessoa que me pediu dinheiro em todo o Gana. Ele falou que era para comer, mas o cheiro de álcool era fortíssimo no seu hálito. Eu tinha tempo e resolvi provocar: "Se você quiser sentar e comer eu pago, mas para bebida não". E continuei o sermão: "Conheço pessoas que perderam tudo que tinham por causa da bebida...". Ele me olhou assustado e mudou de assunto rapidamente: "O que é tecnologia para você?".

Apesar de já estar relativamente próximo da fronteira, não mudou o fato de eu ter que madrugar para pegar um tro-tro antes de o sol nascer. As estradas são péssimas nesse cantinho abandonado do país, e os carros quebram com frequência. O nosso não fugiu à regra. Problema no motor. Arrumaram. Quebrou novamente. Nos transferiram para outro, pois muitos veículos iam para a mesma fronteira. Depois de tantos acontecimentos, e da viagem intensa, você acaba ficando amigo de todo mundo. Estranhei que ninguém caminhava na direção da imigração quando chegamos à pequena Hamale. "Ficamos por aqui", diziam em tom de despedida. Eu sabia que atravessariam a fronteira, mas descobri que muitos o fariam de forma ilegal.

Caminhei até a imigração onde novos funcionários estavam sendo treinados. Oficiais mais experientes ajudavam no procedimento. Olhando o meu visto de múltiplas entradas, o rapaz que me atendeu disse: "Volte logo, você é sempre bem-vindo!". E assim caminhei pela estreita faixa de terra de ninguém até a imigração de Burkina Faso.

Forte Metal Cross

Burkina Faso

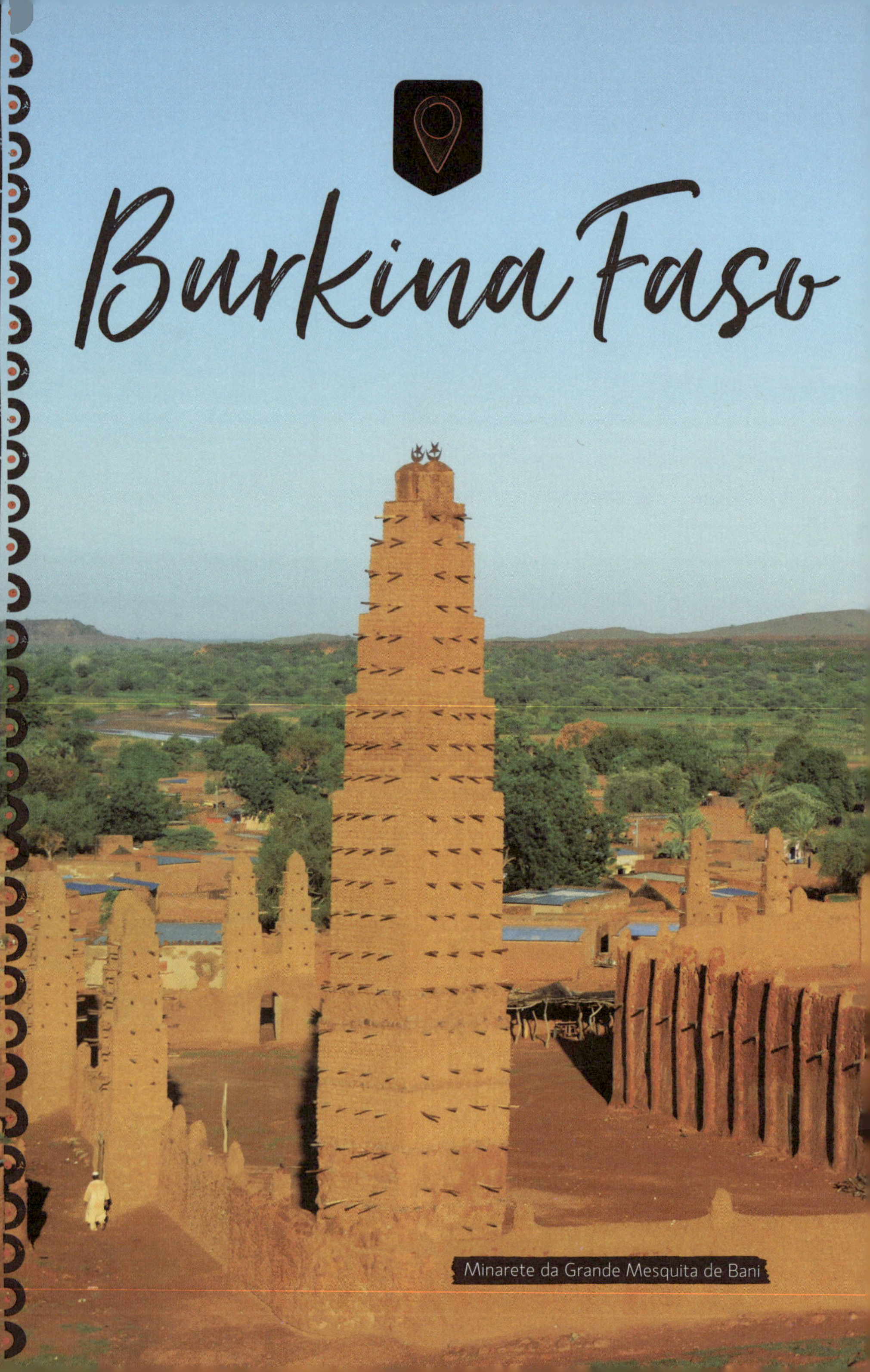

Minarete da Grande Mesquita de Bani

CAPITAL
OUAGADOUGOU

Nome oficial
Burkina Faso

Área
274.000 km² (74º maior do mundo, 3,2% da área do Brasil)

Forma de governo
República Semipresidencialista

Moeda
franco CFA (Colonies françaises d'Afrique - XOF)

População
20.870.060 (58ª maior do mundo, 9,9% da população do Brasil)

Idiomas
francês, bambara, diúla, fula, kasen, caraboro, dagare, more e tamasheq dentre outros

Visto
emitido na embaixada em Brasília e enviado pelo correio

Produto Interno Bruto (PIB) *per capita* (FMI)
US$ 729 (174ª posição)

Número de turistas/ano
143 mil – Ranking Turismo – 158º

IDH
0,423 (183ª posição)

Para saber mais:
- **Filmes**: Burkinabè Rising: A arte da resistência em Burkina Faso, direção de Iara Lee
- **Livros:** The parachute drop, de Norbert Zongo

Thomas Sankara: An African Revolutionary, de Ernest Harsch

TERRA DE HOMENS HONRADOS

No fim do século XIX, os franceses conquistaram a região do Império Mossi. Chamaram de Alto Volta, uma referência à parte superior ao rio Volta (nomeado Volta pelos portugueses que utilizavam o rio para voltar das suas incursões ao interior). Sob a administração francesa, o território de Alto Volta foi dividido e anexado diversas vezes a outras colônias da África Ocidental Francesa. A administração sempre foi comandada por seus vizinhos, fosse Costa do Marfim, Sudão Francês (Mali) ou Níger. Após a Segunda Guerra Mundial, os milhares de africanos que ajudaram os europeus a derrotar o nazismo (muitas vezes na linha de frente), almejavam a prometida independência que aconteceu somente na década de 1960. Infelizmente o sonho de liberdade não melhorou a situação do país que, com dívidas, seguiu mergulhado na pobreza, com governantes tiranos que se revezavam entre um golpe de estado e outro.

A história parecia estar prestes a mudar quando surgiu um jovem revolucionário, Thomas Sankara, um dos maiores líderes africanos que já existiu e um grande idealista. Iniciou uma série de reformas e também mudou o nome colonial de Alto Volta para Burkina Faso, que significa terra de homens honrados nas línguas Mole e Dioula. As poucas famílias privilegiadas e até mesmo a França, que lucrava com o sistema instaurado desde a colônia, não gostaram das novas ideias e das mudanças. Sankara foi assassinado em outubro de 1987. Ele costumava dizer: "Podem matar um revolucionário, mas não podem matar ideias". Vinte e sete anos depois da sua morte, em 2014, uma onda de protestos tomou Burkina Faso e derrubou o ditador Compaoré, que estava no poder desde o assassinato de Sankara. Muitos analistas acharam que poderia acontecer uma Primavera Africana, pois milhares de jovens saíram às ruas para protestar. Em muitos países foram reprimidos brutalmente, mas em Burkina Faso, com cartazes de "Estou aqui", referência a Sankara, conseguiram uma nova eleição, programada para outubro daquele ano. Com a instabilidade política, os turistas, que normalmente não são poucos, pareciam aguardar o resultado das eleições para viajar para lá, e acabei podendo desfrutar do belo país só para mim.

Na pequena e empoeirada fronteira de Hamale, fui recepcionado por oficiais da imigração muito simpáticos. "Bonne arrivée!", Ça va bien?", foram frases que escutei em todos os controles de passaporte junto com "Bem-vindo a Burkina Faso". Eu estava entrando nos países francófonos e a comunicação passava a ser um pouco mais lenta agora. Apareceu um jovem oferecendo-

se para fazer câmbio de dinheiro. Nos meus cálculos rápidos a taxa oferecida era próxima da metade da oficial. Fui enrolando, conversando e olhando se encontrava outro lugar, mas não parecia haver muitas opçoes para trocar dinheiro. Fui fazendo amizade, criando laços. Não tinha muitos cedi (moeda de Gana) para trocar, mas fiz minha proposta. Dava um deságio de mais ou menos oito por cento da taxa oficial. Falei que sabia que ele precisava ganhar algum dinheiro, mas que eu não poderia ser explorado - aquela negociação que sempre acaba acontecendo. Você sabe que no fim vai sair perdendo, a luta é para não ser lesado. Ele aceitou e me ajudou a encontrar transporte para seguir viagem. A única opção naquele momento era um furgão que carregava mercadorias. Não aceitei de imediato; havia acabado de chegar ali e queria entender como as coisas funcionavam. Sondei o preço com outros passageiros e acabei comprando o bilhete. O motorista disse que ia terminar de carregar e logo sairia, mas eu já imaginava que não seria bem assim. Mas que alternativa eu tinha? Aguardamos por mais de uma hora. Ainda não estávamos na metade da manhã, mas os transportes saem cedo por ali. Daquela fronteira eu tinha duas opções, seguir para a capital, Ouagadougou ou para Bobo-Dioulasso, segunda maior cidade. Fui para Bobo, primeiro por uma pequena estrada, com alguns controles de passaporte, e depois pela principal estrada do país. Uma pista simples, asfalto razoável, sem acostamento, que corta Burkina Faso de leste a oeste.

Tiébélé

Bobo-Dioulasso, chamada carinhosamente de Bobo, é uma cidade histórica, muito agradável e com algumas atrações bem interessantes. Fui chegando meio sem planos até a parada final do furgão. Ali negociei com um mototáxi para me deixar na mesquita antiga, bem no coração da cidade. Com a cidade velha ao lado e a mesquita à frente, esqueci-me das longas horas de viagem e fui correndo achar um hotel próximo. Não precisei caminhar duas quadras para achar um simples com preço razoável. A moeda de Burkina Faso é o CFA (Comunidade Financeira da África), aceita em nove países da região. É uma moeda forte, pois seu câmbio flutua com o euro (inclusive a França garante o CFA), mas na época era de 656 CFA para um euro. Quando se busca qualidade, vai pagar o mesmo ou mais caro que na Europa, mas se adotar os hábitos dos locais é possível conseguir verdadeiras pechinchas, principalmente quando se trata de alimentação.

Perambulando pela parte histórica da cidade, fui cercado por guias oferecendo seus serviços. Com a queda do turismo, muitos ficaram ociosos. Para uma melhor compreensão, solicitei alguém que falasse inglês. Depois de uma rápida ligação, chegou um nigeriano que me acompanhou pelos pontos de maior interesse. A cidade antiga, as tradições, história e todo o dia a dia naquelas casas de barro me encantaram. A Mesquita Velha, com arquitetura sudano-saheliana, estilo porco-espinho, vai mudando de aparência de acordo com as sombras e intensidade da luz. Entrei, bati papo com o pessoal, subi no terraço, fiquei amigo do guardador de sapatos e até dei um livro meu de presente para ele. O grande mercado, assim como a estação ferroviária, apesar de construções novas também têm arquitetura sudanesa, o que dá um charme muito especial para a cidade. Uma cidade acolhedora, onde até mesmo os guias, que são chatos, conversam tranquilamente depois de saber que você já contratou outro guia para conhecer a parte histórica. A boa localização do hotel foi essencial para explorar a cidade, perambular sem destino de dia e à noite.

Em um fim de tarde, ouvindo o chamado da mesquita, me deliciei ao ver taturanas serem fritas no óleo em uma barraquinha na rua. Filas de pessoas se formavam para garantir a sua porção. Eu pedi um sanduíche, de taturana, mas depois de aprovado o sabor, solicitei uma porção extra para ficar petiscando enquanto via a vida passar. Para me refrescar, tentei a cerveja de mileto, produzida ali na cidade velha mesmo. Não imagine cervejas engarrafadas; são grãos do cereal fermentados em tonéis bem simples, fornecidas em pequenas jarras. Artesanal de verdade. Infelizmente o gosto não é dos melhores.

Além das vans superlotadas e dos furgões, existem ônibus de linha entre as principais cidades. Custam um pouco mais caro, ainda assim são baratos para padrões internacionais; saem em horários marcados e são bem confortáveis. Fui de ônibus até Banfora, já perto da fronteira da Costa do Marfim e do Mali, um ótimo lugar para passar alguns dias cheios de atividades nos arredores. Tem tudo para ser um ponto de encontro de mochileiros que viajam pela região. Aliás, encontrei um casal franco-mexicano viajando com sua filha de três anos por lá.

O hotel em que fiquei era um pouco decadente e de higiene duvidosa. Não foi das melhores escolhas. Não sou de reclamar, mas fiquei um pouco irritado com a hospedagem. A porta do quarto emperrou e tiveram que arrombar. Mudei para outro quarto. Banheiro com cheiro ruim e banho de balde não são problemas para mim, mas ralo entupido não dá! Por sorte o quarto era somente para dormir, porque havia muitas atividades nas proximidades.

Você pode alugar uma scooter para explorar a região. Como quase todas estavam em estado deplorável, caindo aos pedaços, fiquei receoso de andar sozinho sem entender nada de mecânica. Resolvi pagar o equivalente a dois euros a mais para alguém me acompanhar em cada passeio. Além da segurança caso a moto quebrasse em regiões isoladas - alguns lugares ficam a 50 quilômetros de distância - teria companhia para conversar. Toda a paisagem rural da região é incrível, com suas casas tradicionais de formato circular e telhado de palha, em uma das poucas partes verdes de Burkina Faso, já que ao norte está o Sahel, sertão que beira o deserto do Saara.

Meu primeiro destino foram os Les Pics de Sindou, formações rochosas com mais de 50 metros de altura e três quilômetros de comprimento, esculpidas pela erosão. Caminhar no meio dos paredões e depois escalar para curtir a vista foi incrível! Àquela altura meu guia já tinha virado meu grande amigo e nem queria cobrar pelos outros passeios que eu planejava fazer.

Perto da bela vila de Tengréla, há o lago homônimo, local gostoso para relaxar e ver hipopótamos. Com o calor intenso, inicialmente lamentei por não poder entrar na água, mas logo aceitei o fato porque além dos hipopótamos pode haver focos de esquistossomose ali. Para se refrescar o bom mesmo é ir a Chute de Karfiguela, passando por novas vilas em uma curta caminhada até as pequenas quedas d'água. Mesmo para o início da temporada de chuvas, o volume de água estava muito baixo. Se não estavam tão bonitas devido à falta de água, estavam muito relaxantes! Não muito longe das quedas d'água, atravessando grandes plantações de cana-de-açúcar, estão os Domes de Febedougou, outras formações rochosas que se destacam no horizonte plano de Burkina Faso. Se em Sindou o melhor é andar entre as rochas, em Febedougou o mais legal é caminhar no topo curtindo o visual das árvores no meio das rochas. Fenomenal!

Banfora em si não é muito interessante. Por estar próxima da fronteira, é uma cidade de passagem, pequena, apesar de movimentada com

Comida típica: lagartas fritas

mercados improvisados. Vende-se de tudo: cabos velhos de computador, calculadoras estragadas, lâmpadas e roupas usadas. Ao contrário de Gana, a mendicância é comum em Burkina Faso e crianças perambulam com pequenas latas para ganhar alguns trocados. Um restaurante chamado Mac Donalds é um dos melhores da cidade. Não é dos mais baratos, mas é muito melhor que os da cadeia americana.

De Banfora eu tinha que ir para o país Gorunsi, no sul de Burkina Faso, ao longo da principal fronteira com Gana. Pensei que poderia simplesmente trafegar por estradas secundárias rumo ao leste, mas não existia transporte público para lá. Mesmo com transporte próprio poderia levar dias, devido às condições das estradas. Não tive alternativa a não ser pegar a principal estrada do país, construída pelos americanos, passar novamente por Bobo, seguir viagem até Ouagadougou onde finalmente pegaria outro transporte até Pô. Um longo dia de viagem, mas sem grandes surpresas. Nas viagens com vans os controles de passaporte foram frequentes, já nas viagens de ônibus eles nunca aconteceram.

Pô é a porta de saída para Gana, e é uma cidade importante na história recente de Burkina Faso, já que a revolução do país teve início ali, assim como o golpe de Estado que derrubou, e matou, Thomas Sankara. Já era noite quando cheguei, então não me prolonguei muito com o jantar de churrasquinho de bode e cerveja, pois precisava acordar cedo. Eu pretendia pegar o transporte público até Tiébélé, que fica a pouco mais de 30 quilômetros dali. Como sempre o transporte sai muito cedo, então lá estava eu preparado antes de o sol nascer. Achei uma van que pelo que entendi passaria por lá, mas ainda não havia nenhum outro passageiro. Tentei pegar carona, mas a maior parte das pessoas iria somente até as vilas nos arredores de Pô, não muito longe. Fui tomar um café e fiquei conversando com um mecânico que arrumava seu caminhão ao lado da barraquinha onde eu estava. Quando comentei sobre os meus planos, ele conseguiu uma moto para me levar por menos da metade do preço que me ofereceram na noite anterior, então aceitei. Seguimos por paisagens rurais muito bonitas, baobás cheios de folhas, muitos deles alinhados ao longo da estrada. Em muitas vilas pude observar reuniões que agrupavam um significativo número de pessoas embaixo de grandes árvores. Fiquei sabendo que estavam discutindo sobre as eleições que aconteceriam dentro de alguns meses. Clima de interior, mulheres com seus potes na cabeça, carroças e pessoas carpindo o chão. A estrada estava em péssimas condições e o trajeto acabou demorando mais do que eu imaginava, mas foi muito agradável. Chegando à pequena Tiébélé fui direto à casa do chefe do povo Gorunsi. Parece um condomínio, um aglomerado de casas de barro interligadas e com um muro ao redor. A arquitetura das casas é bem diferente das casas tradicionais que eu havia visto em outras regiões de Burkina Faso, mas o que chamava mais atenção eram as pinturas, que têm um significado, contam lendas, costumes e expressam a arte do povo. Todo o muro era pintado, assim como as casas. Nessa aldeia moravam mais de 130 pessoas e também muitos de seus animais. Eles estavam trabalhando nas plantações, portanto o lugar estava calmo. Foi incrível aprender sobre o povo e a funcionalidade das casas, entender um pouco sobre o funcionamento da segurança do lugar, além de ouvir relatos de algumas crenças e lendas. As belas pinturas e casas de barro precisam ser reconstruídas depois de algumas temporadas de chuvas. Claro que dá bastante trabalho, mas por outro lado a técnica e a tradição sobrevivem. No caminho de volta, eu procurava alguma desculpa para parar em pequenas vilas somente para sentir e apreciar os lugares. Podia ser para pedir informação ou para comer bolinhos fritos, uma espécie de bolinho de chuva, um sonho sem recheio. Sempre fui extremamente bem recepcionado.

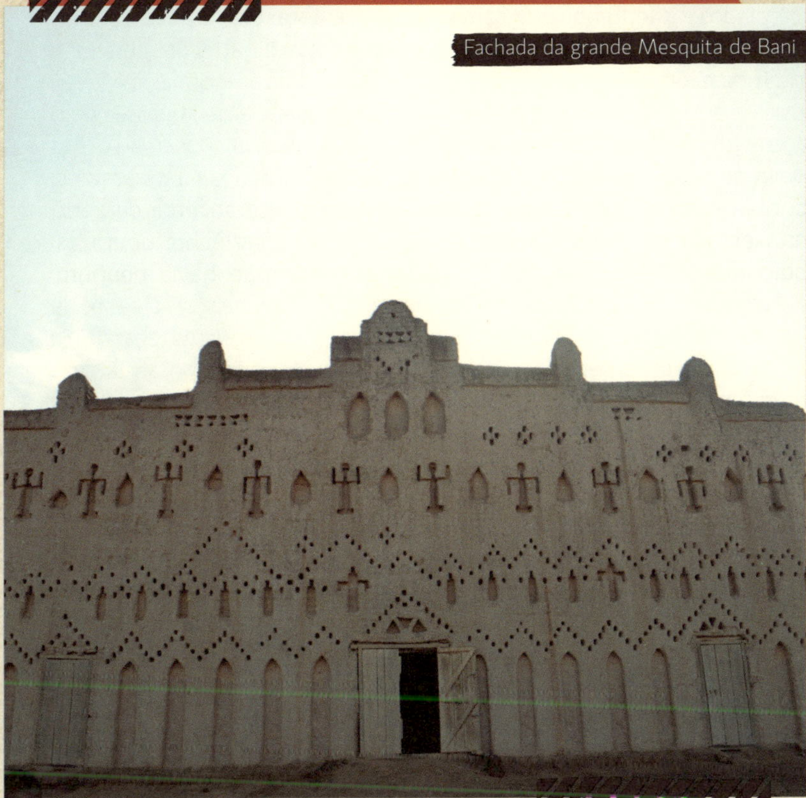

Fachada da grande Mesquita de Bani

Já de volta a Pô, caminhando aleatoriamente, encontrei uma igreja que estava lotada, provavelmente por ser domingo. Na saída, a multidão parecia formar um caleidoscópio de tão coloridas e estampadas que eram suas roupas. Uma pequena feira se formou de forma praticamente espontânea. Perdi um bom tempo ali, apenas observando as pessoas, experimentando comidas e frutas até o horário do meu ônibus de volta para Ouaga, forma pela qual chamam a capital, Ouagadougou.

Uma viagem relativamente curta, poucas horas por uma estrada de qualidade razoável. Ao chegar, observei uma cidade toda espalhada, plana, com pouquíssimas construções com mais de dois andares. Se já é difícil imaginar que foi a capital de um grande império, o Mossi, mais incrível é que até hoje reis Mossi, uma das etnias do mosaico étnico que é Burkina Faso, ainda têm autoridade e são respeitados por muitos. A cidade é uma grande vila, bem diferente de outras metrópoles africanas que conheci. Não encontrei jovens americanizados, usando bonés e camisetas de cantores de rap, tão comuns em cidades grandes do leste da África. São poucas as atrações, talvez a catedral toda feita de barro, a mesquita principal, o Museu Nacional, o Museu da Música e o discreto túmulo de Sankara. Sempre vale a pena passar pelo mercado central, bastante movimentado, onde é possível observar cenas interessantes do cotidiano. O Palácio Mogho Naba deve ser interessante, mas por causa da segurança não se pode entrar nem tirar fotos da parte externa. Aproveitei a cidade, fiz caminhadas e abusei dos cafés e confeitarias, uma boa herança francesa. Minha passagem por Ouaga tinha um propósito: tirar o visto *entente* que dá direito à entrada em diversos países do oeste da África e era imprescindível para que eu pudesse seguir viagem. Chegando ao escritório da imigração, para desespero meu, escutei um "não é possível", mas não perdi a postura. Tentei entender o que estava acontecendo. Seria uma tentativa de corrupção? Tinha verificado as informações sobre os vistos com outros viajantes pela internet e parecia não ser tão complicado, se bem que não eram informações muito atuais. Depois de muita conversa, entendi que para me concederem um visto entente, eu teria que tirar um novo visto em Burkina Faso, desta vez com múltiplas entradas e com três meses de validade. Um gasto que não estava previsto, cerca de 90 dólares. De qualquer maneira, ainda era mais barato e muito mais rápido do que se eu fosse tirar os três vistos que faltavam para completar a minha viagem.

O visto demoraria três dias para ficar pronto e eu não estava disposto a gastar este tempo na capital. Pedi um documento oficial, carimbado, comprovando que meu passaporte estava lá, e segui para o norte do país, Sahel adentro. Sahel em árabe significa bordadura, limite, que nada mais é do que o entorno do Deserto do Saara. Aliás, para quem não sabe, Sahara em árabe significa deserto.

Toda a região norte de Burkina Faso é muito interessante. Durante décadas, cidades como Gorom-Gorom estiveram na rota turística dos viajantes que visitavam o país, mas em razão dos problemas no Mali, a região não era recomendada pelos governos ocidentais quando estive lá. Para minha sorte, a pequena cidade de Bani, pouco antes de Dori, ficava em área segura.

Apesar de não ser muito longe, menos de 250 quilômetros, não foi tão simples assim chegar a Bani. Poucos ônibus, uma estrada lenta e alguns imprevistos: dois pneus estouraram e passamos por uma tempestade de areia. Por algum tempo, o motorista não conseguia enxergar nada. Passada a tempestade de areia e os fortes ventos, caiu uma chuva intensa também. Mesmo sendo a temporada de chuvas, foi o único dia em que choveu. Houve outros poucos dias em Ouaga em que uma forte pancada caía no fim de tarde, mas coisa rápida.

Pics de Sindou, Banfora

Em Bani não há hotéis propriamente ditos, mas é possível alugar pequenas casas tradicionais a bons preços. É uma pequena vila, com casas de barro, carroças puxadas por burros e mulheres vestidas com tecidos coloridos andando para cima e para baixo. Se somente isso já torna o lugar interessante, ainda existem sete mesquitas que, junto com a montanha, formam a imagem de um homem rezando. Um lugar sagrado, cheio de histórias e lendas, realmente muito especial.

Pelas ruelas passam pastores com suas cabras, mulheres separam grãos utilizando o vento e crianças brincam com rodas de bicicleta ou jogando bola. Em cima da colina ficam as antigas mesquitas, muitas delas em péssimo estado de conservação. Embaixo está a Grande Mesquita, onde ocorrem as orações das sextas-feiras. Imponente, toda de barro, com um grande minarete e arquitetura típica. Fachada toda decorada, um espetáculo! Dentro, tapetes feitos de peles de animais cobrem boa parte do piso de terra batida.

Uma pena que as crianças em geral ficam pedindo presentes, resultado de turistas irresponsáveis que querem muito mais aliviar a consciência do que realmente ajudar. Interação e brincadeiras não ficam mais tão espontâneas, mas é preciso entender todo o contexto.

Para voltar para Ouaga tentei pegar carona. Não deu certo. Apelei para os ônibus de longa distância, de melhor qualidade, que vêm do Mali. Os poucos que passaram estavam lotados. Acabei tendo que pegar um dos ônibus locais mesmo, mais lentos, com várias paradas, mas cheios de vida. As etnias mudam rapidamente quando se viaja pelo país, mas grande parte delas fala francês ou diúla, uma língua comercial que se desenvolveu nessa parte da África.

Em Ouaga, depois de pegar o visto entente, tive tempo para dar mais uma circulada. Fui conhecer a parte moderna da cidade, resultado do projeto Zaca. Ainda na década de 1980, iniciaram a construção de prédios para um centro comercial de três andares na Avenida Kwame Nkrumah. Bancos, hotéis e lojas seriam instalados ali, para dar uma boa impressão a quem chegasse do aeroporto, que fica logo ao lado. Pouco foi concluído. É diferente do restante da cidade, onde as construções têm basicamente um ou dois andares, mas não apresenta nada de muito interessante*.

---

* No ano seguinte, trinta pessoas foram mortas num ataque terrorista a um hotel nessa região. O país passou a ser alvo de diversos outros ataques, inclusive em embaixadas. (N. do A.)

As fortes chuvas no fim de tarde alagaram as ruas esburacadas, mas no dia seguinte já estava tudo seco. Meu hotel tinha um jardim no pátio interno, onde seria agradável descansar se não fosse a quantidade de mosquitos e o alto preço das comidas e da cerveja. Era um hotel econômico, um bom preço para uma capital do oeste da África, mas se eu andasse uma quadra conseguiria uma refeição por oito vezes menos que o valor do restaurante do hotel!

Comida de rua não significa pratos leves e rápidos. Senhoras com seus panelões servem refeições frescas para multidões, tudo em barraquinhas improvisadas. Muitos comiam em pé por falta de lugar. Peixe, frango e bode eram oferecidos com diversos acompanhamentos. Outra coisa barata é a água. Água mineral em garrafa é cara, mas eles vendem saquinhos lacrados com 500 ml de água filtrada, que custa menos de quatro centavos de euro com a vantagem de sempre estar gelada, ou perto disso. O lado negativo é a questão ambiental, já que provavelmente os saquinhos vão acabar parando no meio da rua e entupindo os bueiros. De sobremesa sempre comprava deliciosas mangas, grandes e doces, por preços irrisórios também. O pessoal adorava me ver andando por ali, misturado naquela bagunça toda e disputando um dos poucos banquinhos para me sentar. Sempre era um bom motivo para puxar papo e longas conversas acabavam acontecendo após as refeições.

Mesquita de Bobo Dioulasso

Adorei o país, e foi com tristeza que peguei um ônibus ainda de madrugada para ir a Fada-N'gourma e de lá seguir para a fronteira com o Níger. A estrada foi piorando gradativamente. Eram poucos os veículos que faziam o trajeto e estavam sempre superlotados. Dezenas de pessoas viajavam nas caçambas de caminhões, além de motos. Caixas e animais desafiavam as leis da física para se manter empilhados no topo dos furgões. Houve controle de passaportes na saída de Burkina Faso, e as vilas, que já eram escassas, desapareceram completamente. Estávamos na terra de ninguém, região por onde viajamos por vários quilômetros até a fronteira de um novo país, Níger!

Mercado em frente à igreja, Pô

Niger

Tuaregue com sua espada e camelo, mercado de Agadez

CAPITAL NIAMEY

Nome oficial
República do Níger

Forma de governo
República Semipresidencialista

População
22.314.743 (56ª maior do mundo, 10,6% da população do Brasil)

Visto
Visto Entente (VTE), válido para diversos países do oeste da África, tirado em Ouagadougou, Burkina Faso

Número de turistas/ano
152 mil – Ranking Turismo – 153º

Área
1.267.000 km² (21º maior do mundo, 14,9% da área do Brasil)

Moeda
franco CFA (Colonies françaises d'Afrique - XOF)

Idiomas
francês, hauça, fula, kanuri, buduma, songai, teda, zarma e tamasheq dentre outros

Produto Interno Bruto (PIB) *per capita*
US$ 477 (180ª posição)

IDH
0,354 (189ª posição)

Para saber mais:

- **Filmes**: A Aliança, direção de Rahmatou Keita
- **Livros:** Sarraounia, de Abdoulaye Mamani

A geografia da pele, de Evaristo de Miranda

Still Waters in Niger, de Kathleen Hill

TODOS ESTÃO DE PASSAGEM PELO NÍGER?

Minarete da Grande Mesquita de Agadez

O Níger não é um país estampado nos cartazes das agências de turismo. Muitas pessoas o confundem com o país vizinho, a Nigéria. Outros tantos não saberiam definir a nacionalidade de quem nasce no Níger, nigerino. É um dos países mais pobres da África, frequentemente listado em último lugar na lista de IDH (Índice de Desenvolvimento Humano). Não é de surpreender que seja tão difícil planejar uma viagem para lá. Simplesmente não existem informações atualizadas disponíveis. Tem que ser tudo na forma do improviso.

Eu viajava por uma das principais estradas do país, rumo à capital, Niamey, mas a impressão que tinha era que me dirigia ao interior. Uma estrada simples e de má qualidade, pouquíssimas cidades, um ou outro vilarejo; na verdade nem parecia que eu estava próximo da região mais populosa do país.

Quando atravessamos o rio Níger, entrando na capital, quatro passageiros, homens da etnia Fula, não esconderam a alegria. Falavam sem parar, gesticulavam e gritavam para o motorista orientações sobre onde queriam descer. Eles dividiram o último assento do ônibus comigo, o que mais sacolejou durante a viagem. Todos os outros passageiros se viravam para ouvir o que eles diziam. Voltavam de uma temporada de trabalho em Freetown, Serra Leoa. Não sabiam dizer ao certo há quantos meses estavam fora. "O bastante", um comentou; "mais de meio ano", afirmou o outro, complementando com a informação de que todo o período foi sem comunicação com a família. As poucas dezenas de dólares que conseguiram guardar mensalmente faria grande diferença no dia a dia de seus parentes, já que grande parte da população do Níger habita a região rural e vive de subsistência. Antes de descer, um deles me deu a mão e desejou boa sorte na minha jornada. Minha vontade era lhe dizer: "Fique com a sorte, você precisa mais dela do que eu". Mas ele saiu com seus amigos, feliz da vida, e ficou abanando quando eu dei uma espiada pela cortina da janela.

Alguns quilômetros adiante, já dentro da cidade, o ônibus parou na moderna estação. Não existe um sistema de rodoviárias na maioria dos países da África, cada companhia tem seu terreno. Muitas vezes parece um terreno baldio, cheio de lixo e poeira. Eu havia embarcado num desses em Ouagadougou, Burkina Faso, que era exclusivo da companhia Sonef. Em Niamey, sede da empresa, eles tinham dois terminais grandes, murados e bem estruturados para os padrões locais.

No meu plano inicial, se é que eu tinha um, passaria alguns dias na capital e seguiria para o sul, onde faria uma ou outra parada antes de atravessar a fronteira para o Benim. Mas uma semente havia sido plantada alguns meses antes, em um bate-papo informal em Florianópolis. Meu amigo, Edson Walker, grande viajante que já esteve no Níger, ficou empolgado com meus planos de viagem. A primeira coisa que perguntou foi se eu iria à histórica Agadez. Não que eu não tivesse cogitado. É um dos lugares mais fascinantes do país, mas não parecia fazer muito sentido eu me aventurar quase mil quilômetros Saara adentro para depois retornar. Cheguei a estudar a possibilidade de continuar a viagem até o Chade para voltar de avião. A logística era complicada, e quando descobri que teria que passar por cidades na fronteira da Nigéria, local de recentes atentados terroristas do Boko Haram, descartei a alternativa.

Eu tentei colher o máximo de informações possível, entender como estava a situação nesse cantinho do país, mas não foi fácil. Na internet, alguns poucos relatos, quase nenhum recente, diziam que a situação estava controlada, mas que qualquer viajante que tentasse chegar em Agadez seria mandado de volta no primeiro ônibus. Algo complicado para uma viagem que poderia demorar mais de 24 horas. Encontrei um único relato encorajador, justamente o mais recente, de pouco mais de seis meses antes. O problema é que em regiões voláteis, tudo pode mudar de um dia para outro, imagine em alguns meses.

As pessoas em Niamey também não sabiam informar direito, era muito longe, uma realidade completamente diferente dos moradores da capital. Um jovem me contou enquanto tomávamos um café: "Teve rebelião dos Tuaregues, as coisas estão agitadas nos últimos anos por lá". Um senhor, atento à conversa e vendo a minha cara de decepção, me recomendou entrar em contato com a polícia ou o Exército. Apesar da dificuldade de comunicação, achei mais fácil perguntar no guichê de passagens para Agadez, afinal de contas, com ônibus diários, saberiam exatamente como estava a região. Um rapaz entusiasta me encorajou: "Está bem tranquilo, só não vá mais ao norte, na estrada para a Líbia. O pessoal não sabe o que fala. A proibição para estrangeiros caiu em janeiro, pode ir tranquilo". A falta de informação é cruel, mas a confiança do jovem me contagiou e comprei um bilhete. Como o ônibus partiria somente às 4 horas da madrugada, fui perambular pela cidade. Haviam me recomendado o Museu Nacional, um dos mais completos do oeste da África, mas com pouco tempo eu preferi curtir a cidade como um todo. Fui até a majestosa mesquita principal, financiada pelo ditador líbio Kadafi. Nos arredores vi muitos jovens jogando bola. O futebol é um dos esportes mais populares do Níger, talvez superado apenas pela Luta Tradicional. Eu havia me informado sobre a localização de um ginásio da luta local e fui conferir, mas infelizmente lá acontecem competições e não havia nada agendado para as próximas semanas.

A Luta Tradicional tem semelhanças com a luta olímpica greco-romana, onde vence quem derrubar seu oponente com os dois ombros no chão, mas existem algumas regras próprias. Nada de tatame, tudo num piso empoeirado, acompanhado de música e rituais tradicionais. Caminhei por alguns mercados, fui à margem do rio Níger, onde as pessoas lavam roupa mesmo estando no centro da cidade. Queria procurar pelos famosos morcegos da região e ninguém entendia direito quando eu perguntava onde poderia vê-los. Quando começou a escurecer eu entendi o porquê. Eles estavam por todos os lados, sobrevoando a cidade e dando seus rasantes. Com o anoitecer eu sabia que seria uma presa fácil, andando com minha mochila num grande centro urbano. Não para os morcegos, e sim para algum oportunista que me visse como uma possibilidade de dinheiro fácil.

Peguei um táxi coletivo para a estação de ônibus e fui comer alguma coisa no pequeno mercado improvisado em frente. Os preços dos hotéis são muito altos em Niamey, não valeria a pena pagar para ficar por poucas horas. Descansei na rodoviária mesmo. Comprei uma baguete e quatro espetinhos de bode, tudo pelo equivalente a menos de um euro, e me sentei num banco improvisado com caixas de madeira. Um rapaz puxou papo em um inglês relativamente bom. Aparentava ter vinte e poucos anos, talvez trinta. Era de Burkina Faso, mas não morava lá há algum tempo. Estava sempre se mudando atrás de trabalho; o último foi no porto de Benim. Orgulhava-se de ter mandado um bom dinheiro para casa. No início fiquei atento, um pouco na defensiva, mas logo baixei a guarda. Ele me elogiou: "Você é gente boa, me aproximo de muitos brancos que nem querem conversar". Depois de um tempo de conversa ele perguntou: "Onde você mora mesmo? Brasil? Tem trabalho bom lá? Se me levar para o teu país posso trabalhar em qualquer coisa". Ele disse que estava indo para a Argélia ou Líbia, onde afirmava que tinha bons empregos. O papo já estava descontraído e eu até indaguei se ele ia mesmo para lá ou se daria uma esticadinha até a Europa. Ele negou, disse que era muito perigoso: "Minha família depende de mim!", afirmou categoricamente. Estava sem dinheiro, vivendo na rodoviária até que enviassem o suficiente para completar a viagem. Ele me mostrou a área de espera, três andares onde as pessoas descansavam no chão, o banheiro e chuveiros. "Precisa tomar banho depois de alguns dias, te dá força", afirmou sorridente. O primeiro nível era só para as mulheres e crianças, os outros dois para os homens. Influência da religião islâmica, fé praticada pela quase totalidade dos moradores do Níger.

Cotidiano à beira da estrada no interior do Níger

Esteiras estavam disponíveis gratuitamente. Garanti a minha e me estiquei em meio a um mar de corpos que já estavam estendidos lado a lado pelo chão do salão. Mas não consegui dormir porque havia muitas pessoas querendo conversar comigo. Muitos curiosos apareceram e meu novo amigo servia de intérprete. Sentamo-nos em círculo e eles indagavam sobre minha vida e eu sobre a deles. Éramos todos viajantes, mas cada um com um propósito diferente. Fiquei com a impressão de que todo mundo que encontrei no Níger estava em trânsito. Algumas pessoas começaram a reclamar que estávamos tomando espaço de quem queria se deitar. Já sobrecarregado de informação e de duras histórias de vida, cochilei, apesar da dor de cabeça que começava a me incomodar. Achei que poderia ser desidratação, mas ao acordar com dor no peito achei que era mais provável ser emocional mesmo.

Uma hora antes da saída do ônibus, um funcionário acordava todo mundo, puxava as esteiras e tocava uma musiquinha irritante enquanto iluminava a todos com sua lanterna. Despedi-me de algumas pessoas, mas muitos outros seguiram comigo, no mesmo ônibus, rumo a Agadez. Aproveitei as primeiras horas da viagem para dormir, ou pelo menos descansar. Estava escuro, e sem a incidência do sol forte o ar-condicionado ainda funcionava. Vesti até uma jaqueta corta-vento e coloquei um lenço no pescoço. A estrada era transitável, mas o ônibus lotado tinha pouco espaço para as pernas. Na primeira parada para controle de passaportes fiquei tenso. Será que realmente eu estava autorizado a fazer este trajeto como me informaram? O oficial entrou no ônibus e olhou o passaporte e identidade de todos. Perdeu um bom tempo procurando meu visto e minha nacionalidade, além de espiar outros carimbos do passaporte. Perguntou para onde eu ia e me devolveu o passaporte sorridente. "Bon voyage!".

Infelizmente nem todos tiveram a minha sorte. Muitos tiveram que descer e entrar em uma tenda improvisada. O motorista ficou impaciente, mas esperou; muitas pessoas foram extorquidas em cada uma das paradas exigidas pelo Exército. Em duas delas me mandaram descer. Fui à tenda, mas somente verificaram o passaporte, anotaram alguns dados e me liberaram. Algumas pessoas me perguntavam quanto eu tinha pagado, e se surpreendiam quando falava que nada. Muitas dessas pessoas iam deixando suas economias pelo caminho. Ninguém quer pagar propina, mas ver outras pessoas serem extorquidas é igualmente indignante. Em uma das paradas, enquanto eu conversava com os passageiros tentando entender a situação, um senhor saiu em defesa dos oficiais. "Eles pagam dinheiro para serem liberados porque os documentos não estão em ordem. O meu está e eu nunca tive que pagar nada...". Sob o ponto de vista dele, os policiais eram generosos em deixar o pessoal seguir viagem, era apenas uma troca

de favores. Por falar em troca de favores, em uma parada mais longa decidi comprar um pedaço de frango e batatas fritas. Como meu amigo estava comigo e eu não conseguiria comer com ele olhando, comprei o mesmo para ele. Em todas as outras paradas ele vinha com alguma coisa para mim, uma laranja, um saquinho de água ou qualquer coisa que fosse comer. Em locais onde existe muita dificuldade, principalmente na África, a reciprocidade é muito forte. Você ajuda e é ajudado, você sorri e faz amigos. É uma lei natural, ninguém sobrevive sozinho, um depende do outro e todos sabem disso.

A estrada foi se deteriorando aos poucos e não demorou muito para ser mais fácil trafegar pela areia do que pelos buracos. Vez ou outra dava para avistar um caminhão tombado à beira da estrada. Cores pastéis, paisagem monótona, só mudava quando passávamos por algum vilarejo ou por pastores. Aliás, eu ficava muito feliz quando dávamos uma parada um pouco mais longa. Olhar as casas com arquitetura própria, pessoas com seus estilos únicos, parecia um sonho.

Já havia passado das onze da noite, 19 horas de viagem, quando paramos em um controle pente-fino. Olharam todo o bagageiro do ônibus e analisaram minuciosamente os documentos. Algumas pessoas foram até revistadas. Eu havia sido surpreendido positivamente por cada sorriso e gesto acolhedor dos oficiais até então, mas ainda parecia não acreditar. Seria tudo tão fácil? Neste último controle disseram que ficariam com meu passaporte. Eu disse que não podia me separar dele, mas foram irredutíveis. "É para o registro, está tudo bem. Amanhã pela manhã você pode buscar na delegacia, fique tranquilo. Procedimento normal." Já estava tão exausto e sem alternativa, que concordei. Poucos quilômetros adiante entramos em Agadez.

Mesquita principal de Niamey

Negociei com um mototáxi para me levar até o centro; tinha o nome de alguns hotéis anotados. Passamos por ruas estreitas, casas feitas de barro, num verdadeiro labirinto dessa cidade do século XV. Cansado, pedi sugestão ao motorista sobre onde deveria me hospedar e ele me levou a um hotel bem decadente, que aparentava ter tido seus dias de glória, mas estava em pedaços. Pedi o quarto mais barato e capotei.

Acordei assustado com o despertador estridente. Havia dormido profundamente e acordei com a sensação de que tinha perdido a hora. O ventilador fazia um barulho quase hipnótico, porém não vencia o calor. Ainda era cedo, mas o sol já estava mostrando quem mandava naquela região. Fui tomar um banho e me deu um desânimo, o banheiro estava imundo. Falei com um funcionário que regava umas poucas plantas no jardim interno do hotel, pedindo informação sobre como chegar à delegacia. Ele chamou o irmão do dono do estabelecimento, o jovem Mohamed. Com cara de sono, ele pediu cinco minutos e disse que me acompanharia. Lavou o rosto e enrolou um cigarro de maconha. Contou da época em que o hotel era frequentado por turistas europeus. Mostrou fotos de caminhonetes que atravessavam o Saara até chegar a Agadez, quando seu pai ainda era vivo. "Era um ótimo negócio", disse, apesar de ainda nem ter nascido nos tempos áureos. "Um italiano construiu este hotel, mas depois da rebelião dos Tuaregues, somente nigerianos se hospedam aqui."

Perguntou se eu queria ir de táxi, mas como fiquei sabendo que era próximo, resolvi ir a pé mesmo. Ele me olhou com uma cara de "então tá", e logo percebi por quê. Mesmo cedo, o sol era fortíssimo, quase insuportável e não havia muitas sombras, mas foi bom para ir me localizando na cidade. Ele parou para comprar um perfume importado. "Muito bom", disse, oferecendo para eu cheirar. Há muito dinheiro em Agadez, é uma cidade muito rica. Algumas quadras depois chegamos a uma espécie de quartel onde nos indicaram para onde deveríamos ir. Chegando lá, alguns soldados batiam papo na varanda e me pediram que esperasse. Esperamos, esperamos e o Mohamed cansou. "Vamos comer algo, depois voltamos", ele disse. Eu estava aflito por estar sem meu passaporte e disse que esperaria por ali. Ele saiu dizendo que retornaria mais tarde. Passou-se muito tempo, não sei ao certo quanto, mas foi tenso. Os soldados me convidaram para sentar, mas eu fiquei encostado numa pilastra, de onde conseguia ver a rua e me distrair um pouco.

De repente chegou um carro, freando bruscamente e levantando poeira do chão de terra. Todos se levantaram e bateram continência. Era o oficial da noite anterior. Ele bateu nas minhas costas e me disse para acompanhá-lo até uma sala. Outro soldado foi junto e fechou a porta. Será que eu tinha caído numa armadilha? Onde estaria meu passaporte? Já tinha passado por tantos controles e ainda não acreditava que tudo fluiria bem. Ele apenas registrou meus dados, anotou onde eu estava hospedado e quantos dias ficaria. Proibiu-me de passar do limite norte da cidade, onde não garantiriam minha segurança. Infelizmente não seria desta vez que eu conheceria as Montanhas Air, que ficam no meio do deserto do Saara e têm o tamanho de uma Suíça. A maioria das vilas e acampamentos tuaregues também estavam fora de cogitação, pois somente seria possível com uma autorização especial, transporte próprio, guia e escolta armada, e tudo isso não cabia no meu orçamento.

Ficamos batendo papo, serviram chá e o Mohamed apareceu. Sinalizei que estava tudo bem e fomos caminhar pela cidade, que é toda plana, com construções térreas e uma ou outra casa de dois andares. O minarete da antiga mesquita tem apenas 27 metros e pode ser visto de longe. Caminhamos pela cidade antiga, pelos mercados e fomos conhecer o interior da mesquita.

Quando o sol ficou insuportável paramos num restaurante para comer e conversar. Pronto para descansar, Mohamed me convidou para voltar para o hotel e ir ao seu quarto junto com outros amigos que se refugiariam no ar condicionado. Beberam cerveja e fumaram enquanto cantavam ao som de violão e batuques, músicas que falavam sobre liberdade e Azawad, o tão sonhado estado Tuaregue. Fiquei com eles um pouco para não fazer desfeita, mas depois parti sozinho para explorar mais a cidade antiga.

Alguns vendedores insistiam para que eu entrasse em suas lojas. Belos objetos de artesanato e a famosa Cruz de Agadez eram os primeiros itens oferecidos. Um grupo de mulheres cantava em frente ao Palácio do Sultão indicando que haveria uma grande festa. O Sultão de Agadez é uma figura importante, atuando quase como um governo paralelo, o que mostra um pouco da importância que a cidade já teve. Em 1449 já era um sultanato localizado numa das principais rotas de conexão entre África e Europa, uma das poucas cidades do Saara para rivalizar com Timbuktu no

Mali, e sua imponência ainda pode ser observada na arquitetura entre as ruas empoeiradas.

Quando Mohamed não estava com seus amigos ou com prostitutas nigerianas, ele saía para dar umas voltas comigo. Apresentou-me diversos lugares de moto, sempre sem cobrar nada. Parecia orgulhoso de mostrar a região, além de me exibir para seus amigos. Eu não deixava de ser um troféu, sei lá por quê. Fomos ao mercado de animais, uma das paradas indispensáveis para quem está indo ou voltando para o deserto. Tuaregues negociavam cabras e mantimentos. Cordas e camelos eram vendidos na parte sul do terreno, em meio a muito lixo e lama. Um jovem dromedário blaterava, lutava contra seus donos para não ser carregado, mas não teve jeito, torceram seu rabo, seguraram sua mandíbula e patas e o derrubaram. Nos arredores era fácil ver dromedários sendo puxados por tuaregues com vestimentas típicas, túnicas e roupas azuis, além de suas espadas. Uma verdadeira viagem no tempo.

Girafas em Kouré

A curta temporada de chuvas tinha sido mais forte que o esperado. Tijolos de barro que estavam prontos para ser utilizados pareciam ter se derretido. Nos subúrbios, algumas vezes pude observar caminhonetes abarrotadas de pessoas. Eram *brokers*, os traficantes de pessoas que levariam diversos sonhadores para a Líbia, para, quem sabe, chegarem até a Europa. Meus amigos da noite em Niamey provavelmente estariam entre eles. Era fim de julho e eu nem imaginava que a crise da imigração na Europa se agravaria em breve. A histórica rota comercial transaariana estava mais viva do que nunca. No entanto agora o comércio mais lucrativo era de pessoas.

Engana-se quem pensa que não existem estrangeiros em Agadez. Não têm mochileiros nem turistas, mas existem representantes de todos os povos da África subsaariana, prontos para encarar uma longa viagem pelo Saara. Não são os amantes de off-road que um dia se deliciaram por esses desertos, e sim pessoas que acham que passar por bandidos, guerrilhas e Al-Qaeda no trajeto são problemas pequenos quando comparados ao seu dia a dia. Ficar sem comer também não é novidade para ninguém por ali.
Viagens longas são reflexivas e demorou um pouco para digerir tudo que eu havia visto e vivido. A raiva do mundo se transformou em esperança quando fui adotado por um grupo de tuaregues que me entupiram de comida e de perguntas durante a longa viagem de volta até Niamey. Bastou eu elogiar, por educação mesmo, uma barra gordurosa de queijo de cabra que fui quase obrigado a comer um quilo dela. Pouquíssimos postos de controle na volta, mas nem por isso a viagem foi mais rápida, e quando percebi que a fronteira com a Nigéria estava a pouca distância soube que meu próximo destino, Kouré, estava perto. Mas como seria arriscado descer na escuridão, num vilarejo onde sabidamente não existiam hotéis, voltei até Niamey, onde dormi novamente na estação de ônibus, que já me pareceu bastante familiar. Exausto, não me enturmei muito, cobri a cabeça com um lenço para ter um tempo só para mim. Queria dormir, mas o queijo de cabra fez efeito justamente na rodoviária! Temi pela sequência da viagem, mas nada aconteceu que não pudesse ser controlado.

Minha ideia era, pouco antes do amanhecer, pegar um táxi coletivo até a estação dos micro-ônibus que seguem para o sul. Acabei descobrindo que poderia pegar um ônibus de longa distância que passaria por Kouré, caso não estivesse lotado. Dei sorte e embarquei, ainda de madrugada, no único lugar disponível. O motorista teve que me acordar para eu descer à beira da estrada. Nenhum sinal de vilarejo, apenas duas barracas de madeira onde vendiam comida e um posto de controle da polícia. Tomei um café e fui tentando entender onde estava e como tudo funcionava por ali.

Kouré é o nome de uma região com poucos vilarejos e sua fama vem das girafas que vivem soltas por ali. Alguns dos últimos rebanhos de girafas selvagens do oeste da África. O sol ainda não havia nascido e eu já encontrara algumas pessoas que poderiam me ajudar. Paguei uma pequena taxa num centro de informações e fui procurar os bichinhos. Você pode ir de carro, de moto ou a pé, e depender da sorte para encontrá-las. A primeira família de girafas não estava longe, e pude ficar o tempo que quis caminhando entre elas. No início você se empolga, quer filmar, tirar fotos, mas a parte mais legal é quando você relaxa, apenas curte. Caminhar atrás delas e se surpreender quando são elas que seguem você! Ficar no meio das girafas até enjoar é uma atividade privilegiada. Vê-las se alimentando, cuidando uma da outra e até galopando com movimentos gentis, deixa qualquer um satisfeito.

Passeei entre as vilas da região admirando a árdua rotina dos habitantes e fui tentar pegar carona para a fronteira com o Benim. Carona na África normalmente significa pagar por um lugar em um transporte. Todos os carros que passavam estavam completamente lotados. A tríplice fronteira com Benim e Nigéria não estava tão longe, e quem ia para lá tentava dividir os custos ou ganhar um dinheiro extra. O jeito foi ter paciência e quebrar a viagem em etapas. Primeiro consegui um transporte até Dosso, cidadezinha relativamente próxima. Até que não foi tão ruim, tendo em vista que a pequena cidade já teve prestígio histórico. Foi um reinado importante da região e possui um chefe tradicional, Djermakoye, com seu próprio palácio.

Casas típicas do interior do Níger

Dali em diante eu fui numa van lotada, com mulheres vestindo roupas coloridas e cicatrizes no rosto. Homens com seus chapéus tradicionais, carregando galinhas em sacolas e bodes amarrados no bagageiro. Paisagens bucólicas deixavam para trás este país que foi a grande surpresa desta minha primeira viagem pela região. Em uma moto percorri mais alguns quilômetros até a fronteira com o Benim e o que não foi surpresa foi o tratamento da imigração na saída do Níger. O senhor com cara sofrida perguntou-me onde eu gostaria que ele carimbasse o passaporte. Apontei com o dedo um espaço livre para não usar uma página nova. Agradeci a hospitalidade e contei como havia me surpreendido com o país. Ganhei um sorriso, um abraço com tapa nas costas e segui viagem.

Paisagem no interior do Níger

Benim

Rota dos Escravos, Ouidah

CAPITAL

PORTO NOVO (CONSTITUCIONAL)

COTONOU (SEDE DO GOVERNO)

Nome oficial
República do Benim

Área
112.622 km² (100° maior do mundo, 1,3% da área do Brasil)

Forma de governo
República Presidencialista

Moeda
franco CFA (Colonies françaises d'Afrique - XOF)

População
11.733.059 (77ª maior do mundo, 5,6% da população do Brasil)

Idiomas
francês, ioruba, fon, aja, fula, baribas, kabiye, bariba dentre outros

Visto
Visto Entente (VTE), válido para diversos países do oeste da África, tirado em Ouagadougou, Burkina Faso.

Produto Interno Bruto (PIB) ***per capita***
US$ 915 (162ª posição)

Número de turistas/ano
267 mil – Ranking Turismo – 142°

IDH
0,515 (163ª posição)

Para saber mais:

- **Filmes**: Cobra Verde, direção de Werner Herzog

- **Livros:** Snares without end, de Olympe Bhêly-Quenum

Francisco Félix de Souza, mercador de escravos, de Alberto da Costa e Silva

Escravos, de Kangni Alem

AS CORES E DORES DO BENIM

Benim, pequeno país no oeste da África, possui laços muito fortes com o Brasil. Durante alguns séculos, o então reinado de Dahomey controlou a região, participando do riquíssimo comércio de ouro. Com a descoberta do Novo Mundo o tráfico de escravos aumentou consideravelmente, sendo muito lucrativo durante séculos. Um brasileiro de Salvador, filho de um português com uma escrava, foi amado e odiado na região. Em certo momento da história, Francisco Félix de Souza fez um pacto de sangue com o rei de Dahomey e conseguiu praticamente exclusividade no mercado de escravos. Foi responsável pelo terrível ato de financiar a captura e enviar milhares de escravos para o Brasil. Conflitantemente com esta prática, passou a ser uma pessoa muito respeitada pelos escravos que voltaram do Brasil para o Benim depois de livres. Eles tinham adquirido uma cultura luso-brasileira, então Francisco Félix de Souza não deixava de ser uma referência e um bom contato na terra estranha, que um dia foi lar de seus antepassados.

Se alguns poucos escravos trouxeram a cultura brasileira quando voltaram para o Benim, o mesmo aconteceu quando milhares foram levados para a América. Em toda esta região do oeste da África existe um culto muito forte aos antepassados, lendas, lugares sagrados e entidades, chamadas de Vudum, ou espíritos. Ao ser exportado acabou sofrendo pequenas adaptações, no entanto, continua sendo a base do Voodoo no Haiti, da Santeria em Cuba e do vudu ou vodu da Umbanda e Candomblé no Brasil.

Atravessei a fronteira entre Níger e Benim num mototáxi. Já passava das duas horas da tarde e os oficiais pareciam entediados. Algumas mulheres assumiram o controle e inspecionaram meu passaporte. Não encontrando o número de série do visto, aproveitaram para brincar comigo, perguntando se eu não queria levá-las para o Brasil. Depois de algumas risadas e de eu falar que era casado, os dados da minha viagem foram anotados e fui liberado.

Um senhor veio correndo me oferecer transporte: "Último lugar disponível, vamos sair agora!". Seria bom demais para ser verdade, pois os transportes normalmente partem cedo. Eu tinha a ambição de no máximo chegar até a cidade de Parakou naquele dia, metade do caminho até a costa, mas ele afirmava que os outros lugares já estavam tomados e eu poderia seguir até a capital, Porto Novo ou até Cotonou, centro econômico do país. Dei uma sondada no preço para ver se estava cobrando o valor correto e fui procurar o meu lugar. Eu fiquei impressionado como quase sempre nestas partes do mundo não existe uma cobrança diferenciada para estrangeiros. Era um carro pequeno, mas com duas fileiras de bancos atrás. Iriam o motorista e outras dez pessoas. Eu fiquei feliz quando me deram o lugar no banco da frente, dividindo apenas com um passageiro, na janela. Não demorei muito para perceber que não era o mais confortável. Para cabermos, tive que ficar com a janela aberta o tempo todo, com o braço para fora, quase debruçado, tentando buscar um pouco de espaço. Quando começou a chover tentei fechar a janela, mas logo fui repreendido. O espaço era mais valorizado, mesmo que ficássemos molhados.

Se não mentiram no preço, mentiram no tempo de viagem, que acabou sendo muito, mas muito, mais demorada que o esperado. Chegamos a Parakou já tarde da noite. Uma longa parada para jantar e carregar o bagageiro no topo do carro com tudo quanto é mercadoria possível. Aproveitei para conversar com os outros passageiros, todos nigerinos, que estavam indo tentar a sorte no Benim. Alguns trabalhariam no porto, outros tinham sido contratados para levar carros de volta para o Níger. Na feira noturna, enquanto comíamos, começou a tocar uma música de Guiné-Bissau. Era no idioma creole, mas tinha muitas palavras em português e eu comecei a cantarolar. Todos ficaram impressionados, achando que eu conhecia a tal música de Guiné-Bissau. Perguntaram se eu já havia morado lá e eu falei brincando que tinha nascido em Bissau. Divertimo-nos bastante, ajudou a passar o tempo e relaxar.

Porta do não retorno, Ouidah

Entidade Vodum na Floresta Sagrada, Ouidah

Já era bem tarde, cheguei a cogitar a ideia de procurar um hotel, mas o combinado era percorrer o trajeto todo, portanto não me devolveriam parte do valor da passagem. Não sou fã de viagens noturnas. Perde-se a paisagem, é perigoso e basicamente um deslocamento. No meu plano original de viagem, de Parakou eu iria para o noroeste do país, para explorar Natitingou, região da tribo Tata-Somba, com suas casas de barro em formato de fortificações. No entanto, havia prolongado minha estadia no Níger quando decidi ir até Agadez. Estava com o itinerário um pouco mais apertado. Apesar do cansaço, eu ganharia um pouco de tempo, e como já estava pago, decidi seguir com eles. A flexibilidade é uma das coisas mais importantes numa viagem.

O percurso foi difícil, não dormi quase nada. Na entrada de cada vilarejo havia uma corda ou um bambu com um latão na ponta trancando o caminho. O motorista pagava um pedágio e alguém arrastava lentamente o latão para passarmos. A cena se repetiu dezenas de vezes. Somaram-se a outras paradas para trocar mercadorias, fazer entregas e já amanhecia, e chovia, quando chegamos a Porto Novo. Eu queria conhecer a capital; mesmo não tendo grandes atrativos, me disseram que é bonita por estar espalhada por colinas à beira do lago Nokoué, mas me contentei em admirar as decadentes casas coloniais e a pacata cidade despertar pela janela do carro superlotado. O único lugar que eu não abriria mão de ver era a mesquita de Porto Novo.

Construída por escravos libertos vindos do Brasil, ela tem aparência idêntica a de uma igreja barroca brasileira, única arquitetura que conheciam. O motorista se comoveu com o meu pedido e desviou o caminho para simplesmente passar na frente da colorida e curiosa mesquita-igreja. Achei que os outros passageiros ficariam incomodados, mas foi o contrário. Brincavam que estavam fazendo turismo e adoraram a história do lugar. Um passageiro fez questão de apontar um templo Vudum logo ao lado da mesquita, dedicado à entidade Legba. Contou-me que é um espírito bagunceiro, mas fundamental para o equilíbrio neste ou em outro plano. Não entendi direito. Salientou também que é muito importante por proteger as crianças, mulheres e indefesos.

Da capital até Cotonou a distância é curta, são cidades praticamente interligadas. Ao chegar, tomei um bom café da manhã e me despedi dos companheiros de viagem. Cotonou é uma cidade barulhenta, suja e perigosa. Não é o tipo de lugar em que se pode andar sem destino. Eu queria ir até Ganvie, uma grande vila nas margens do lago, onde todas as casas são sobre palafitas, forma encontrada pela população para fugir dos traficantes de escravos no passado. O problema é que com aquela chuva, que só aumentava, não seria uma experiência nada agradável, pois a única forma de chegar lá e se locomover é com uma canoa.

Não tive outra opção a não ser pegar um táxi coletivo até a histórica e fascinante Ouidah. Foi a decisão certa. Apenas 40 quilômetros distante de Cotonou, mas um mundo à parte. Cara de cidade do interior, vida calma e cultura notável, pois ali é o centro do Vudum. O nome da cidade, Ouidah, vem do português: ajuda. No forte português São João Batista, funciona um museu e existem placas explicativas em português.

Em Ouidah existe uma floresta sagrada, onde dizem que um chefe Kpasse se transformou em árvore para fugir dos inimigos e há também diversas estátuas de entidades do Vudum – uma oportunidade para aprender bastante sobre o assunto ou simplesmente sentir o clima do lugar. Mesmo que alguém queira apenas passear pela cidade, será impossível não ter contato com o Vudum, pois as bandeiras de cada entidade, os santuários e oferendas estão por todos os cantos.

Um dos locais mais famosos da cidade é o Templo da Serpente, um lugar sagrado onde antigamente praticavam-se cultos, que hoje transformou-se em mais uma daquelas armadilhas para pegar turista. Tudo bem que é legal você conhecer um templo com dezenas de cobras, no maior estilo Indiana Jones, mas o pessoal vai estar mesmo é querendo colocar uma cobra no seu pescoço para ganhar alguns trocados.

Não muito longe dali fica a Casa do Brasil, que é interessante, apesar de extremamente simples. Dentre diferentes objetos históricos, existem placas com as listas das famílias de escravos que, ao ficarem livres, voltaram do Brasil para o Benim, os chamados Agudás. Seus descendentes vivem até hoje lá, com seus sobrenomes Conceição, Souza, Pereira, Santos, e incorporaram várias palavras portuguesas ao vocabulário.

Em frente à imponente basílica de Ouidah, existe um pequeno museu Vudum com esculturas de diversos lugares do mundo. Depois de um dia longo, cheio de informação, eu me diverti assistindo futebol no fim de tarde e tomando cerveja barata à noite.

Os lugares mais marcantes da região ficam nos arredores da cidade, a poucos quilômetros do centro. É possível percorrer a Rota dos Escravos, caminho que os escravos faziam da cidade até a praia onde embarcavam para as Américas. São quatro quilômetros de caminhada, onde se pode aprender muito além de, com certeza, questionar como é que um absurdo como a escravidão poderia ser legalizado. Lá existe uma árvore em que os escravos eram obrigados a dar várias voltas para esquecer suas origens. À beira-mar há um portal que funciona como memorial, o ponto do não retorno, com figuras bem marcantes desenhadas. É um clima muito pesado, mas um memorial serve para isso, para nunca nos esquecermos do que se passou.

Ouidah tem alguns hotéis e uma praia agradável, mas sem a movimentação da cidade. Sempre é possível encontrar um pequeno restaurante local para degustar uma comidinha caseira e bater papo. O futebol também rolava por ali com frequência. Deixei para curtir praia no meu próximo destino, Grand Popo, já bem pertinho da fronteira com o Togo.

O litoral do Benim é minúsculo, então é bem fácil e rápido de se locomover pela orla. Não seria diferente até Grand Popo. Sobrou pouco do antigo porto de escravos. A maior parte das casas coloniais foi derrubada pelo mar, e o que sustenta o lugar é uma base naval, a pesca e o turismo. Há diversas pousadas onde expatriados tentam esquecer-se do seu dia a dia. Alguns viajantes descansam de longas jornadas pelo oeste da África, mas isso não significa que a praia fique cheia de turistas. Vi só uma meia dúzia, mas existem muitas pousadas sendo construídas, então parece um negócio promissor.

Lista de nomes dos Agudás

Um lugar colorido. Mar verde, praias douradas e roupas e redes de pesca de diversas cores. Peixe e cerveja muito baratos se não consumir nas pousadas. Eu sempre caminhava para encontrar novos lugares. A maior parte dos pescadores da região é de Gana, e atravessam todo o litoral de Togo para tentar a sorte em Benim. Alguns têm licença para a pesca e trazem toda a família, outros vêm de forma ilegal. Ficavam muito felizes quando, após comprar o peixe, eu pedia que as mulheres deles cozinhassem para mim. Um trocado extra no orçamento deles, e para mim a garantia de contato direto com as famílias que moram ali.

Dei uma recarregada na energia nos dias em que fiquei em Grand Popo. Descansei, tomei banho de mar, escrevi e li bastante. Interagi como pude, é claro, já que não consigo ficar muito tempo parado. Foi uma estadia não só prazerosa, como necessária. Logo eu estava à beira da estrada, pronto para pegar um mototáxi e percorrer os poucos quilômetros até a fronteira com o Togo.

Pescadores em Grand Popo

Togo

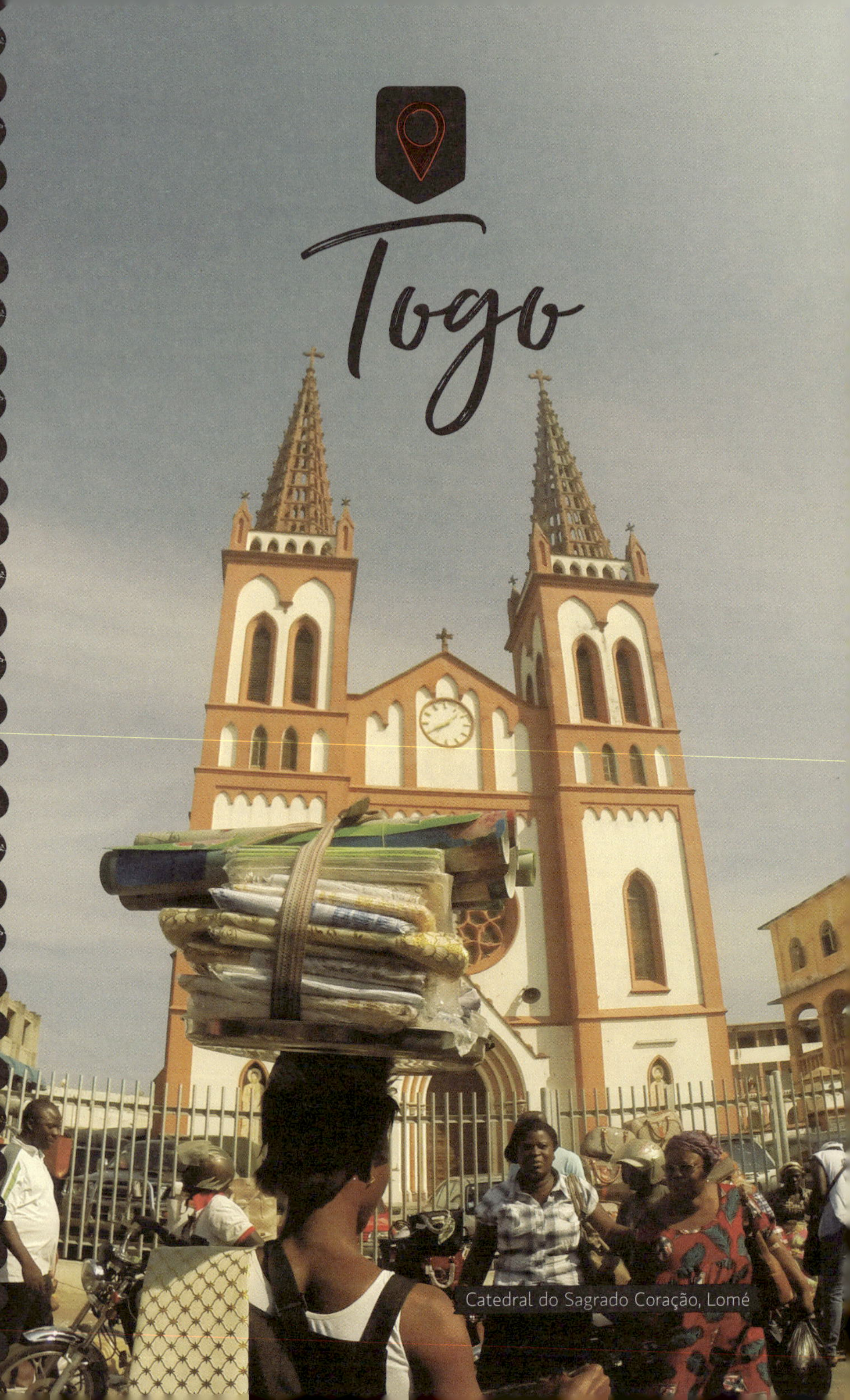

Catedral do Sagrado Coração, Lomé

CAPITAL LOMÉ

Nome oficial
República Togolesa

Área
56.785 km² (123° maior do mundo, 0,7% da área do Brasil)

Forma de governo
República Presidencialista

Moeda
franco CFA (Colonies françaises d'Afrique - XOF)

População
7.538.000 (101ª maior do mundo, 3,6% da população do Brasil)

Idiomas
francês, ioruba, adele, ewe, fon, mina, ife, kabye dentre outros

Visto
Visto Entente (VTE), válido para diversos países do oeste da África, tirado em Ouagadougou, Burkina Faso

Produto Interno Bruto (PIB) *per capita*
US$ 670 (177ª posição)

Número de turistas/ano
496 mil – Ranking Turismo – 130°

IDH
0,503 (165ª posição)

Para saber mais:

• **Filmes**: Blue Bird, direção de Gust Van den Berghe (filmado no Togo)

The Fire, a Fowl and an (Un) Forgotten Past, direção de Jürgen Ellinghaus

• **Livros:** Do they hear you when you cry, de Fauziya Kassindja

TOGOLÂNDIA

Desde o início da programação da viagem, não imaginava explorar o interior do Togo, apenas os pouco menos de 60 quilômetros de costa desse pequeno país. Mas foi muito bom conhecer a região com calma e digerir as experiências tão intensas que tive até aquele momento. Nessas horas, sem grandes planos, acabamos nos surpreendendo e curtindo momentos simples, aqueles que não podem ser planejados.

As fronteiras pouco importam nessa região, onde povos são separados por linhas imaginárias. Grande parte do Togo histórico, se é que se pode falar desta maneira, hoje faz parte do território de outro país, Gana. Apesar de ter sido um protetorado alemão após a Conferência de Berlim (1884), a Togolândia, pouco resta da influência germânica, no máximo uma ou outra construção colonial, a maioria bem decadente, e a língua colonial mais falada é o francês, já que a França assumiu o controle da região após a Primeira Guerra Mundial.

Minha primeira parada foi em Aného, cidade que já foi apontada como um grande centro cultural, ainda perto da fronteira com o Benim, onde buscava conhecer a herança cultural dos escravos que voltaram do Brasil para lá. Assim como os Tabom, de Gana, e Agudás, do Benim, também há escravos libertos que se fixaram no Togo, chamados de Amarôs. Os ex-escravos nunca se reintegraram. Levaram para lá costumes diferentes, como o estilo das roupas, uso de talheres e outros hábitos que na região são considerados "de branco". Muitos se julgam superiores, mas alguns dos povos que sempre viveram ali têm preconceito contra os Amarôs por terem sido escravos.

Havia ouvido falar que até a cor das pessoas seria um pouco mais clara, devido ao abrasileiramento. É sabido que muitos dos primeiros escravos libertos eram mestiços, filhos de escravas com seus donos. Por outro lado, quem já viajou por diversas regiões do continente africano sabe que os tons de negro são infinitos e impossíveis de classificar.

Não pude observar grandes diferenças, mas sigo com o geneticista italiano Luigi Luca Cavalli Sforza, autor dos livros "Quem Somos", "História da Diversidade Humana" e "Genes, Povos e Línguas". O pesquisador provou, usando a estatística, que o conceito de raça é muito mais cultural do que qualquer outra coisa. A variabilidade genética é muito maior dentro de um grupo de indivíduos do que fora, portanto, não se justifica o conceito de racial. Ao contrário de cachorros, por exemplo, em que existem diversos padrões, para nós existe somente a raça humana.

Mercado de Sexta-Feira, Vogan

O povo Ewe, predominante na região, é animista e crente nas práticas do Vudum. Muito rico culturalmente, colorido e bastante musical, tornou minha estada muito agradável, apesar de sem grandes atrações. Acabei usando Lomé, a capital do país, como base, pois as curtas distâncias facilitavam bastante a exploração da região. Uma rápida viagem em um táxi comunitário, e eu estava em Agbodrafo, cidade chamada de Porto Seguro na época dos portugueses. Breve parada para ver a Casa dos Escravos, construção com influência arquitetônica brasileira. Detalhe que, na época em que foi utilizada como moradia, os ingleses já haviam abolido a escravidão e patrulhavam toda essa parte da costa. O local funcionava clandestinamente, uma casa normal onde vivia uma família e no porão, embaixo da sala de estar, armazenavam escravos. Inacreditável.

Segui em direção ao interior, poucos quilômetros de estradas de terra, até chegar ao lago Togo. Parecia a forma mais fácil de chegar até a histórica Togoville, mas não sem muita negociação. Canoas partiam para a pequena vila, todas carregadas com os mais diversos produtos, desde sacos de alimentos até motocicletas. Percebi que não queriam levar estrangeiros, pelo menos não pelo preço dos locais. Passaram-me o preço que um grande hotel próximo cobrava para um barco particular. Fiquei um pouco surpreso, pois fazia tempo que não tinha que lidar com uma situação dessas.

Sem me revoltar, com um sorriso no rosto, longos apertos de mãos, piadas e abraços consegui derrubar bastante o preço. Sempre me impressiona como o contato físico causa aproximação e é valorizado em diversas partes do mundo. Junto com o turismo, muitas vezes desenvolve-se a crença de que estrangeiros, vistos como ricos, têm que pagar mais que os moradores do local. Não que esteja completamente errado, isso é oficial nas entradas de atrações em diversos países. Eu estava viajando de forma simples, interagindo ao máximo, então, nessas situações, acabava me sentindo um pouco excluído. De qualquer forma, depois de negociar bastante, acabei entrando num acordo pensando que estava contribuindo um pouco com a região. Preferia que a contribuição fosse de outra maneira, mas a finalidade acaba sendo a mesma.

Pescadores recolhiam as redes e canoas navegavam lentamente quando avistei ao longe a torre da igreja. Em meio a tantas capelas de Vudum, destaca-se uma grande catedral que marca o lugar onde dizem que a Virgem Maria apareceu nos anos 1970.

Togoville se mostrou uma cidadezinha calma, com pescadores deitados à beira do lago, alguns comerciantes expondo mercadorias e uma ou outra pessoa na rua. A lotérica era o lugar mais movimentado e um bar-restaurante o mais barulhento, apesar dos poucos clientes. Crianças andavam de bicicleta, jogavam bola e brincavam correndo atrás de rodas ladeira abaixo. Uma ou outra gritava yovo, homem branco, para mim e saía correndo dando risada. Claro que eu corria atrás falando yovo-yovo-yovo.

Togoville

Passei pela Mansão Real, pela catedral, pelas capelas de Vudum e pelo Memorial onde foi assinado o tratado com os alemães. Apesar do apelo turístico da região não estavam particularmente interessados em minha presença por ali. Fiz alguns amigos no pequeno mercado de rua e consegui um motoboy para me levar até Vogan, uma cidadezinha não muito distante de Togoville, onde, por acaso, um grande mercado é montado todas as sextas-feiras. Não havia planejado, mas tive sorte de conhecer o local no dia de mercado. No caminho, aquele clima rural, cenário de interior. Rápida parada para abastecer à beira da estrada de terra, num lugar onde vendiam gasolina em garrafas de vidro de um litro.

Notei que estávamos próximos de Vogan pela quantidade de mulheres transitando com seus cestos na cabeça e roupas coloridas, voltando das compras. É um grande mercado, onde se vende de tudo: roupas, comidas, animais ou qualquer outra coisa que se possa precisar. Fora comida, e talvez um tecido ou outro, nada que eu quisesse comprar, mas um ótimo lugar para observar as pessoas e suas rotinas diárias. Um pouco de voyeurismo, eu confesso. Para aliviar o calor, nada melhor que uma água de coco, que custava 70 CFA, algo em torno de dez centavos de euro.

Para sair de um grande mercado desses, claro, que só num carro superlotado. Dividi o banco da frente com uma Mama. O carro quebrou, furou pneu, mas nada que eu já não esperasse e nem demorou tanto assim para voltar para Lomé.

Estava hospedado num hotel simples na região de Chinatown, atrás do Palácio Presidencial. Os quartos estavam desgastados pelo tempo e pelo uso, mas o restaurante era popular entre os expatriados e, em algumas noites, uma banda fazia apresentações. Eu preferia caminhar algumas quadras até os restaurantes libaneses, bem mais baratos e com pratos muito saborosos. As comidas de rua sempre estavam à disposição também.

A praia, além de suja, é um local considerado perigoso, portanto eu apenas passava por ela no trajeto até o hotel. Caminhei bastante pelo centro, explorei vários cantinhos do Grand Marché e o mercado de artesanato. Eu estava mesmo era sonhando em conhecer o Mercado Akodessewa, conhecido como Marché des Féticheurs, o Mercado da Feitiçaria. Como fica mais afastado, não dá para ir a pé. A solução é parar uma das motos e acertar o preço. Acabei tendo sorte e um rapaz muito simpático me levou. Em vez de somente me deixar lá acabou me acompanhando e ficou meu amigo. Ele estava desempregado e tinha tempo livre. Aproveitava para treinar seu inglês, que falava muito pouco, e julgava importante. Rodamos pelo mercado antes de achar a seção de feitiçarias. Dentre mantimentos e animais vivos, um pequeno gato me chamou atenção. "É para comer?", perguntei um pouco sem jeito. "Claro", respondeu a vendedora, com cara de "para que mais seria?". Todos nós podemos ter comido carne de gato por engano em algum momento da vida, mas comprar um gato vivo para cozinhar não é algo muito atraente.

O setor de feitiçaria foi um pouco decepcionante, pelo menos para quem tem um espírito de viajante independente. Já na entrada tem uma placa que mostra o preço do ingresso e o valor que você precisa pagar para tirar fotos. Do Mercado Akodessewa saem mercadorias para todo o oeste da África, mas não há um interesse especial em turistas. Só aproveitam a possibilidade para ganhar um extra. Você pode participar de um tour onde tiram suas dúvidas, explicam a utilização de cada produto, e até conseguem marcar uma consulta com um feiticeiro. Tudo isso no meio de crânios de macacos, cascos de tartarugas, dentes, asas de morcego, garras de diversos animais e por aí vai.

Valeu a pena, mas com certeza é possível ter experiências bem mais autênticas com o Vudum em outros lugares. Por outro lado, talvez não com a grandiosidade e variedade de itens. Para quem busca uma boa fotografia, esse é o lugar.

Mercado de Akodessewa, Lomé

Lomé é pequena para uma capital e muito fácil para se orientar. Dali eu iria até Acra, Gana, para pegar o voo para o Brasil. A fronteira Togo-Gana fica nos limites da cidade, muito perto do centro. Minha estadia por ali foi um período nostálgico, onde eu tive algum tempo livre. Tomando cerveja ou comendo num restaurante, ficava relembrando momentos desta incrível primeira viagem pelo oeste da África. Ernest Hemingway não poderia estar mais certo quando disse que: "Não me lembro de uma manhã na África em que eu acordei e não estivesse feliz".

Mercado de Akodessewa, Lomé

Parte II

1.869 km

Rota II

SENEGAL
GUINÉ-BISSAU
ÁFRICA

Senegal

Grande Mesquita de Touba

CAPITAL DAKAR

Nome oficial
República do Senegal

Área
196.722 km² (86° maior do mundo, 2,3% da área do Brasil)

Forma de governo
República Semipresidencialista

Moeda
franco CFA (Colonies françaises d'Afrique - XOF)

População
16.209.125 (70ª maior do mundo, 7,7% da população do Brasil)

Idiomas
francês, wolof e outras 35 línguas

Visto
brasileiros não precisam de visto

Produto Interno Bruto (PIB) *per capita*
US$ 1,454 (151ª posição)

Número de turistas/ano
1 milhão – Ranking Turismo – 108°

IDH
0,505 (164ª posição)

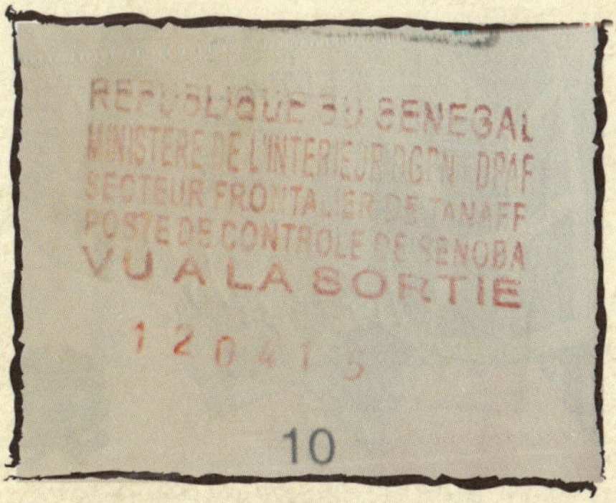

Para saber mais:

• **Filmes**: A Revolução não será televisionada, direção de Rama Thiaw

Sob o céu estrelado, direção de Dyana Gaye

• **Livros:** The abandoned Baobab: The autobiography of a senegalese woman, de Ken Bugul

So long a letter, de Mariama Bâ

ENCONTRO COM OS MOURIDES

Antes da chegada dos franceses, a região do atual Senegal era dividida em diversos reinados. Com o estabelecimento da colônia, uma das principais resoluções foi acabar com o poder político desses líderes. Até então, o povo Wolof, predominante por ali, seguia religiões africanas locais. Somente após a conquista francesa é que se converteram ao islamismo. Não é um islamismo como o do Oriente Médio, mas sim bem africanizado. As antigas estruturas sociais dos clãs foram supridas pela nova estrutura religiosa, as Irmandades Muçulmanas. O grande líder de uma delas, Amandou Bamba, assim como os seus descendentes, passou a ser o verdadeiro representante do Profeta Maomé na Terra.

O Senegal tornou-se um dos países onde a religião é mais importante e influente, no mundo. A luta de Amandou Bamba foi religiosa, mas também anticolonial e por isso ele foi exilado, mas sua redenção pode ser vista nos dias de hoje. Seu nome, e a ramificação do islamismo que originou, o mouridismo, uma espécie de sufismo, está presente em nomes de lojas, empresas de transporte e das próprias pessoas.

O Senegal não fica tão longe do Brasil, seria uma rápida viagem do Rio Grande do Norte ou do Ceará, mas a ausência de voos diretos faz com que seja uma longa jornada. A viagem de Curitiba-São Paulo-Johanesburgo-Dakar é três vezes mais longa do que se houvesse um voo Curitiba-Dakar. Depois de um dia e meio de viagem, acabei chegando de madrugada ao aeroporto de Dakar, capital do Senegal. Tinha contatado um jovem jornalista pelo site Couchsurfing que aceitou me hospedar. Apesar do horário, duas horas da madrugada, ele fez questão de ir me buscar no aeroporto. Segundo ele, fazia parte da Teranga senegalesa, palavra da etnia Wolof para designar hospitalidade.

Bachir morava numa casa boa, de dois andares com um terraço, num subúrbio da cidade. Seu pai, que trabalha como gerente de RH, e seu irmão, universitário, estavam me esperando ansiosos. Era a primeira vez que recebiam um estrangeiro através do site. Apesar da língua colonial oficial do Senegal ser o francês, todos falavam relativamente bem o inglês.

Conversamos um pouco e perguntaram se eu estava com fome. Trouxeram um grande prato de comida e me assustei com a quantidade. Estava com fome, mas não queria fazer desfeita. Só depois entendi que o prato era para todos. Foi colocado no meio da mesa e todos se serviam, com as mãos mesmo. No silêncio da madrugada, eu ouvia uma música hipnotizante ao fundo,

Ilha de Gorée

AaaoooAOaaaoo.... Era um encontro Mourid, a principal Irmandade Muçulmana do Senegal. Estavam lendo poesias em voz alta, como se fosse um coral, e a cantoria seguiu pela noite toda.

De manhã, acordei com crianças brincando e gritando. A casa do Bachi ficava em frente a um campinho de futebol de areia vermelha. Quando olhei pela janela pude notar que todo o bairro era quase que uma continuação do campinho, já que todas as ruas eram de areia também. O interessante é que era uma família de classe média alta, pelos empregos e cursos universitários, e tinham uma mensalista para limpar a casa e um bom carro na garagem, mas o banho era de balde. Havia um rabo-quente ligado na tomada para esquentar a água do balde antes de tomar banho.

Dakar é uma cidade grande, movimentada e espremida numa pequena península. Visitar a cidade num fim de semana foi um alívio, pois as ruas estavam tranquilas, bem diferentes dos constantes congestionamentos nos dias de trabalho. Visitei o centro antigo, onde existem alguns prédios coloniais interessantes, com clara influência francesa, como a estação de trem, a prefeitura e a câmara de comércio. O palácio presidencial também é muito bonito. Não muito longe dali, na Medina, fica a grande mesquita, inspirada na de Casablanca, Marrocos. Existem grandes e belos mercados como o Kermel, mas também é gostoso explorar os pequenos mercadinhos espalhados pelas ruelas.

Em minha passagem por Dakar, não poderia deixar de conhecer a pequena Ilha de Gorée, a poucos quilômetros de barco da capital, declarada patrimônio histórico pela UNESCO. É uma das grandes atrações do país, pitoresca e muito tranquila. Tem belos casarões, ruas estreitas, buganvílias e barcos coloridos. Pela manhã a caminhada pelas ruelas estava muito calma, mas com o passar do dia mais barcos foram chegando e a ilha ficou lotada de turistas. Em alguns lugares históricos como a La Maison des Esclaves, não dava para circular de tanta gente. A saída foi assistir a uma partida de futebol no centro da vila e bater papo com meu amigo. Em nosso caminho havia um grande baobá, árvore presente em diversos lugares da ilha.

Assim como tantas outras ilhas e fortificações das costas oeste e leste da África, a Ilha de Gorée faz parte da triste história do envio de escravos para a América. Uma lembrança de que a América só existe da maneira que é hoje por causa da África.

A família do meu anfitrião era Mourid devota, então pude me aprofundar um pouco nesta prática-cultura-religião tão típica do Senegal. Ainda não tinha um plano bem definido para onde iria em seguida, mas acabei influenciado por todas as nossas conversas e decidi ir para Touba, a capital sagrada do mouridismo. Bachir fez algumas ligações para amigos me receberem lá e em outras cidades pelas quais eu poderia passar ao longo da minha viagem pelo país.

Para ganhar tempo, não viajei de ônibus. O transporte escolhido foi o Sept Place, caminhonetes Peugeot, teoricamente com lugar para sete passageiros. São os famosos táxis comunitários, meio de transporte muito comum na África, além do Oriente Médio e Ásia Central. Eles saem quando lotam, então é bom iniciar o dia cedo, de preferência antes de o sol nascer. Uma estrada reta e plana, num ambiente árido, mostra um pouco da geografia do país. Uma antiga ferrovia segue paralela à estrada ligando Dakar a Bamako, capital do Mali, antigo sonho de consumo meu. Os baobás espalhados e as diversas charretes ao longo da estrada tornavam a viagem muito especial, sem falar nos mercados animados e coloridos dos pequenos vilarejos.

À primeira impressão, Touba pouco se difere de outras cidades senegalesas, mas aos poucos fui descobrindo suas regras e peculiaridades. É proibido o consumo de tabaco e álcool, não se pode usar os famosos tambores senegaleses e música somente se for sagrada. Também me surpreendi por não existir nenhum hotel. Durante o Magal, a grande peregrinação de Touba, a cidade chega a receber 3 milhões de fiéis, mas eles precisam ficar hospedados nas casas das pessoas ou nas cidades vizinhas.

No coração da cidade está a grande mesquita de Touba, em constante reforma, já que cada Califa quer aumentá-la um pouco ou deixar a sua marca. Já são sete minaretes, o mesmo número que em Meca, o máximo que o Islã permite, e diversos mausoléus onde os descendentes de Bamba são venerados como verdadeiros santos. É importante observar que no Islã ortodoxo existe apenas a relação direta com Deus, sem os intermediários que existem no mouridismo. No Islã tradicional também não se pode venerar nada além de Deus, portanto os Mourides seriam hereges.

Artistas trabalham na renovação, e as doações em dinheiro vêm de fiéis que vivem em todos os cantos do mundo. Existe uma legião de fiéis dispostos a seguir a ordem do Sheik, o que torna a doutrina poderosíssima. Dizem que é esse poder que tem afastado o extremismo do Senegal. Já os críticos apontam que os benefícios financeiros e políticos estão acima dos espirituais. Apesar de ser bem fora de mão, gostei bastante da minha passagem por lá e de ter aprendido mais sobre um aspecto tão único do Senegal.

De Touba fui para Kaolak, onde consegui fazer uma conexão até a Gâmbia. A estrada que no início era simples, porém de qualidade, foi ficando pior, até que se transformou num caminho de terra. Passei alguns dias em Gâmbia antes de voltar para o Senegal, agora para a região sul chamada Casamance. A Gâmbia é uma tripa de aproximadamente 40 quilômetros de largura por 300 quilômetros de comprimento, bem no meio do Senegal. A região de Casamance é bem diferente do restante do país. Menos árida, cheia de rios, manguezais e bem mais arborizada, possui outro povo, o Jola, com língua e religião próprias. Esse contraste fez com que guerrilhas lutassem por independência, principalmente nos anos 1980 e 1990. O governo do Senegal conseguiu controlar a situação, e, à época da minha passagem por lá, há quase uma década não ocorriam incidentes graves.

No meu caminho até Ziguinchor, capital da região, passei por uma grande base militar de onde saíram três carros blindados. Acho que nosso carro não tinha autorização para ultrapassar, então atrasou muito a viagem, pois tivemos que ir bem devagar atrás deles até resolverem sair da estrada.

Ziguinchor é uma cidade agradável, à beira de um rio. Foi uma base ideal para explorar a região. Consegui um hotel num preço aceitável, que tinha um pátio cheio de árvores e até Wi-Fi para que eu pudesse dar notícias. Assim como em outros países com moeda corrente CFA, os preços não são convidativos. Qualquer hotel decadente custa pelo menos o equivalente a 10 euros, podendo chegar a 15 ou 20, mesmo sem água corrente. Tudo bem que às vezes o preço é para o quarto duplo, mas eu estava sozinho, então tinha que pagar o preço cheio. Uma refeição simples num restaurante qualquer custa 3.500 CFA, ou seja, cinco euros. Um absurdo para o valor do real na época. A saída era seguir os moradores locais e descobrir onde serviam pratos feitos, que muitas vezes custavam 500 CFA, em torno de setenta e cinco centavos de euro.

O improviso e a imaginação sempre trazem alternativas econômicas também. Eu tinha ido visitar as praias de Cap Skiring, uma antiga vila de pescadores que vem se transformando com o turismo. Fui até os pescadores, escolhi um peixe e um caranguejo, perguntei se não poderiam preparar para mim e fiz uma das melhores refeições da viagem. Prepararam arroz e até um molho para acompanhar o peixe. Comida farta e de qualidade.

Cap Skiring não é mais nenhum segredo, já tem até um hotel Club Med por lá, o que não impede que existam diversas praias desertas; em muitas delas a única companhia que eu tive foram vacas que voltavam da pastagem. Há também algumas casas de veraneio e terrenos à venda para estrangeiros ou endinheirados de Dakar, mas o sossego continua, pelo menos por enquanto. Na praia principal, dezenas de canoas, peixes secando ao sol e pilhas de conchas que formavam verdadeiras montanhas.

Mas não é só de praia que vive Casamance. Diversos vilarejos entre os manguezais e rios mostram uma vida simples e tradicional, onde pessoas batem papo embaixo de mangueiras gigantes. Em minha passagem por Oussouye fiquei amigo de um jovem que me levou para conhecer a região com sua moto. Passei por pequenas vilas, seguindo estreitas trilhas entre as árvores. Queria muito conhecer o rei da região, mas novamente não consegui. Já tinha tentado conhecer reis em outros lugares no oeste da África, mas as majestades africanas parecem estar muito ocupadas.

Existem pequenos *campings* que disponibilizam quartos também, espalhados por toda a região o que facilita os deslocamentos. É um ótimo lugar para viajar de bicicleta, curtindo o dia a dia local e andando na velocidade das pessoas.

Em Ziguinchor, visitei a Embaixada de Guiné-Bissau e consegui meu visto em menos de cinco minutos. Nada de muitas perguntas ou carta-convite. Viajei para Guiné-Bissau por um tempo e depois voltei para Ziguinchor, de onde fui para Gâmbia para só depois entrar novamente no Senegal. No fim da minha viagem eu tinha oito carimbos senegaleses no meu passaporte, quatro de entrada e quatro de saída, tudo por causa dessa bizarrice colonial de ter um país, Gâmbia, ao longo do rio, dentro do Senegal.

No retorno a Dakar ainda passei pela região de Faick, onde fica o belíssimo Delta du Saloum. Peguei balsa, apreciei a paisagem, fiz amigos, viajei com um carro que quebrou diversas vezes e me diverti bastante. Na minha última passagem pela capital decidi não fazer couchsurfing e fiquei num pequeno hotel na região de Yoff. Não muito longe dali havia um surfcamp onde surfistas do mundo inteiro estavam hospedados atrás das boas ondas nas praias do país. Fui me informar e descobri que havia uma ótima ondulação chegando no dia seguinte, então, depois de tantas viagens, resolvi tirar um dia de folga para surfar. Já cedo estávamos percorrendo os mais famosos locais de surfe de Dakar, mas não tive sorte. A tal ondulação não chegou e as ondas não davam nem para brincar. Pelo menos acabaram não me cobrando nada e caminhei bastante por regiões de Dakar que não havia conhecido, como Yoff, N'gor e até Ponta de Almandies, o ponto mais ao oeste da África.

Ilha de Gorée

Na última noite eu me mudei para um pequeno *hostel* perto do aeroporto, pois teria que viajar de madrugada. Encontrei um tcheco, membro de uma ONG que distribuía bicicletas usadas pela África, e um sérvio que acabara de chegar para viajar por alguns países da região. Saímos para comer alguma coisa num restaurante ali perto e bater papo. Na volta ouvi aquela música que escutei no meu primeiro dia de Dakar. Eram os Mourides recitando as poesias. Meus amigos recém-chegados, pouco entenderam minha reação de caminhar entre as ruas estreitas procurando a origem do som mas, com um ar de suspeita, me seguiram. Em uma pausa na música, vi um rapaz sorridente saindo por um corredor de um prédio quase abandonado e o cumprimentei como os Mourid, colocando a mão dele na minha testa, e ele ficou todo feliz. Comecei a falar de Amandou Bamba, disse que eu havia visitado Touba, e ele então nos convidou para entrar. Ficamos conversando e um senhor mais velho não sabia muito bem o que fazer com a nossa presença. Ligava para alguém para saber se poderíamos ficar ali. Depois de alguns minutos veio a aceitação; inclusive me autorizaram a filmar. Um lugar simples, uma reunião espiritual, portanto tentei ser discreto e respeitoso. Sentamo-nos e ficamos apreciando o coral por um bom tempo. Hipnotizado, acabei perdendo meu horário e tive que correr para o hotel para algumas poucas mas valiosas horas de sono, antes da longa viagem de volta para o Brasil.

Cap Skirring, Casamance

Gâmbia

Baobás

CAPITAL BANJUL

Nome oficial
República da Gâmbia

Forma de governo
República Presidencialista

População
2.228.075 (142ª maior do mundo, 1,1% da população do Brasil)

Visto
brasileiros podem emitir visto nas fronteiras (regra que às vezes muda), europeus não precisam de visto

Número de turistas/ano
161 mil – Ranking Turismo – 152º

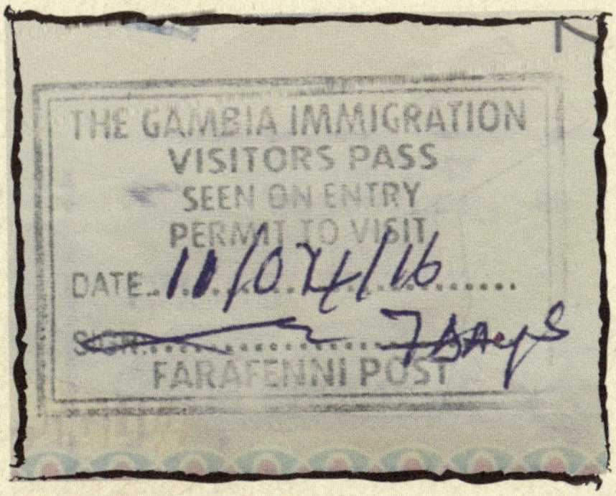

Área
11.295 km² (159º maior do mundo, 0,1% da área do Brasil)

Moeda
dalasi

Idiomas
inglês, diola, fula, mankania, mandinga, soninque, wolof dentre outros

Produto Interno Bruto (PIB) ***per capita***
US$ 745 (173ª posição)

IDH
0,460 (174ª posição)

Para saber mais:

- **Filmes**: Gambia, The smiling coast, direção de Daniel Verdin Castro
- **Livros:** Negras Raízes: a saga de uma família, de Alex Haley

NO PAÍS AO LONGO DE UM RIO

Gâmbia, pela importância do seu rio, esteve ligada à rota comercial transaariana e auxiliou ou fez parte de alguns dos maiores impérios africanos, como os de Gana, Mali e Songhai. Os portugueses foram os primeiros europeus a chegar à região, mas logo venderam seus direitos para os ingleses. A disputa colonial pela África fez com que diversas regiões trocassem constantemente de controle, até a Conferência de Berlim, em 1884, que fez a partilha oficial do continente africano entre os europeus. Mais ou menos nessa época, a França tinha influência na maior parte ocidental da África, no que viria a se chamar África Ocidental Francesa, mas a disputa sobre a província chamada de Senegâmbia ainda era grande. Os ingleses tinham um entreposto militar em Banjul, hoje capital da Gâmbia, e controlavam o já proibido tráfico de escravos pelo rio Gâmbia. Não foi difícil para os ingleses conquistar o território ao longo do rio, hoje Gâmbia, mas os franceses ficaram com todo o restante, que se tornaria o Senegal.

O mapa do continente africano, que já é um absurdo pelas fronteiras determinadas por linhas retas, ficou ainda mais esquisito com um país que existe somente ao longo de um rio.

Quando me aproximei de Gâmbia, vindo da região norte do Senegal, percebi que a estrada N4, também chamada de transgâmbia, praticamente desapareceu. Viajei muitos quilômetros num táxi coletivo velho por uma estrada bastante empoeirada e quente. Já se aproximava o fim de tarde e cheguei a cogitar a possibilidade de dormir nos últimos vilarejos do Senegal. Por outro lado, pensava que estando tão perto não custava atravessar a fronteira. Mas não seria tão rápido assim. No posto de controle do Senegal, passaporte carimbado, tranquilo. Já no de Gâmbia, o oficial veio me perguntar se eu queria que ele carimbasse meu passaporte. Claro que queria! Como faria para me explicar na saída do país ou em um possível controle de passaporte? Tentaram me cobrar 2.000 CFA, algo como três euros pelo carimbo. Eu viajava com meu passaporte italiano, pois brasileiros precisam de visto para lá e eu sabia que com o passaporte europeu não precisava pagar nada. Tentei argumentar, insisti, mas não teve conversa. Tenho orgulho de dizer que sempre arranjei uma forma de fugir de oficiais corruptos, mas dessa vez acabei cedendo. Estava cansado demais para esperar. Na fronteira contratei um mototáxi para me levar até a próxima cidade, a pequena Farafeni, alguns quilômetros adiante.

Estava trocando dinheiro, pois lá vale o dalasi da Gâmbia e não o CFA, quando percebi uma van sendo carregada. Já havia anoitecido, mas não custava ver se ela iria para meu próximo destino, Janjanbureh. Estava com sorte, era o único transporte disponível no pátio e ia para lá. Quer dizer, sorte mais ou menos. Um cara, daqueles bem malandros, veio tentar me vender a passagem cobrando bem mais caro. Fato raro nessa região da África, onde normalmente levam a sério os preços e não cobram extra de estrangeiros. Percebi a armadilha e fui comprar direto com o motorista. Ele me garantiu que já estavam quase saindo. Eu sabia que o tempo passa de maneira diferente por ali, então comprei baguetes de um vendedor, ovos cozidos de outro e fiz meu sanduíche.

Quando finalmente saímos, a minivan estava lotada de passageiros e de carga. Os pouco mais de 100 quilômetros foram muito lentos, com paradas para descarregar mercadorias, descer passageiros e subir novos. Quando finalmente chegamos ao destino final já era mais de dez horas da noite. Peguei minha mochila sem saber muito bem para onde ir. Na minha frente, um rio, e Janjanbureh ficava no outro lado. O motorista me disse que havia hotéis deste lado da margem do rio também e logo apareceram algumas pessoas se oferecendo para me levar até um hotel por alguns trocados. Estava muito escuro, nenhuma iluminação pública, então não me senti muito seguro para perambular. Conversava com quatro senegaleses que vieram para trabalhar na região, quando um barqueiro se ofereceu para nos levar por 100 dalasi. Um dos senegaleses se ofendeu, ficou irritadíssimo. Segundo ele o preço correto era de cinco dalasi. Quase brigou com o barqueiro. Eu tentei negociar, mas ele disse que não teria passageiros de volta naquele horário e que não poderia nos levar por menos. Os senegaleses discutiram mais um pouco com o barqueiro, falaram alguma coisa que eu não entendi e ele saiu furioso.

Sentamos à margem do rio, com uma noite quente e muito estrelada. Sem muitos mosquitos, mas mesmo assim eu reforçava o repelente, pois esta é uma das áreas com maior incidência de malária de toda a África. Os senegaleses ligaram para alguém e garantiram que logo um barco viria nos buscar, mas estava demorando, então sugeri que eu pagaria 60

e eles 10 dalasi cada um. Não aceitaram. Eu estava morto de cansaço da longa viagem e resolvi procurar o barqueiro e pagar o preço pedido. Resolvi fazer a conversão da moeda e caí na risada. Os 100 dalasi eram pouco mais de dois euros! E eu acabei demorando mais de meia hora para atravessar o rio por esse valor. Os senegaleses tinham ficado tão revoltados com o valor que eu, com o raciocínio lento pelo cansaço, nem me dei o trabalho de fazer a conversão. Só pensei que pagaria quatro vezes mais que o justo. O raciocínio deles era correto, mas paguei os 100 dalasi com gosto. O primeiro hotel que fui olhar estava mais do que bom para aquele momento. Ainda tive energia para tomar duas cervejas no bar que ficava num deque ao lado do hotel, e fui dormir, sem banho. O balde poderia esperar até a manhã seguinte.

Banjul

Janjanbureh, antiga Georgetown, fica na histórica Ilha MacCarthy, um dos locais mais adentro do rio Gâmbia onde os ingleses se estabeleceram e aonde muitos escravos libertos foram morar também. Hoje é um pequeno vilarejo com certo apelo turístico. Possui diversos armazéns antigos e algumas ruínas que lhe dão um ar de lugar esquecido. Perto do porto havia alguns vendedores ambulantes, sete a cada dez vendiam mangas. O forte café Touba também é muito popular. Além da cultura e história local, dizem ser um lugar incrível para observar pássaros. Acabei não encontrando nenhum outro estrangeiro por ali, ninguém para dividir uma canoa ou barco para conhecer os parques nacionais. Sozinho, os preços eram extremamente proibitivos, então fiquei perambulando pela região. Sempre aparecia alguém para conversar comigo, infelizmente na maioria das vezes havia segundas intenções, como o oferecimento de serviço de guia.

Peguei um barco para a outra margem do rio e fui explorar os famosos círculos de pedra da região. Os mais conhecidos são os de Wassu, a poucos quilômetros dali, listados como patrimônio da UNESCO. Grandes, alguns com dois metros de altura, bonitos, mas naquele esquema: pago, guiado, bem focado para o turismo. Vale a pena, é claro, mas não é uma experiência extraordinária, nenhum Stonehenge. Entre Senegal e Gâmbia existem mais de 2 mil desses círculos, que foram construídos entre os séculos III a.C. e XVI d.C., em rituais de sepultamento. A forma de extração das rochas e a capacidade de organização para a execução de uma obra assim mostra o desenvolvimento das sociedades que viveram nesses locais.

Resolvi estender o passeio e procurar também alguns círculos perto dos vilarejos. Sozinho eu não os encontraria, então contratei alguns meninos para me levar. Eles ficaram felizes da vida. Uma delícia caminhar entre as casas típicas e os baobás e escutar as histórias e sonhos da criançada. Os círculos que encontrávamos, bem mais modestos, tinham um ar de vitória, e todo o conjunto da busca e surpresa tornavam o passeio muito gratificante. As crianças discutiam qual era o melhor caminho, quais círculos deveríamos ver e nos divertíamos. Apenas o sol nos castigava.

Quando chegou o dia de ir embora, atravessei a ilha e segui pela margem sul. Não havia ônibus direto, então tive que fazer diversas conexões até voltar ao sul do Senegal, para Casamance. Antes disso eu passei pela imigração, que também queria que eu pagasse pelo carimbo. Não foram agressivos, na verdade tentaram fazer-se de meus amigos, mas dessa vez era de dia e eu estava com tempo. Coloquei minha arte de negociação para funcionar, disse que voltaria por aquela fronteira e até anotei o telefone do guarda. Não fugi da mordida, mas pelo menos paguei apenas um euro.

Pátio do transporte Sept Place

Viajei pelo sul do Senegal e para Guiné-Bissau, mas foi preciso atravessar Gâmbia novamente para pegar meu voo em Dakar, Senegal. Dessa vez fui pela costa da Gâmbia. Dias antes, as fronteiras Gâmbia-Senegal haviam sido fechadas. Aparentemente isso se tornava rotina. Os dois países vivem brigando por causa da cobrança de impostos. Para a economia do Senegal, atravessar a Gâmbia, cerca de 40 quilômetros, é bem mais fácil que contornar o país numa viagem de aproximadamente 600 ou 700 quilômetros a mais. Eu perderia um dia de viagem caso tivesse que dar a volta na Gâmbia. Resolvi arriscar e pude passar, para minha surpresa, sem cobrança para carimbarem o passaporte.

Mototáxi até a primeira cidade após a fronteira, um Peugeot velho até Serekunda e estava na costa da Gâmbia. Fui alertado para evitar o litoral, mas não pretendia resistir a passar um dia na praia. Passei por Kotu e Bakau, até achar uma pequena pousada. Ia sair para comer, mas pensei em ver o mar antes. Na caminhada fui me decepcionando e entendi exatamente porque haviam me falado para evitar a costa do país. As praias da Gâmbia são bastante populares, fazendo com que muitos turistas europeus viajem para lá em voos fretados. Mas é o tipo de gente que fica nos *resorts*, só fala com os locais que são seus empregados. Isto gera um clima de segregação muito forte. As pessoas passam a olhar o estrangeiro como uma forma de ganhar dinheiro e os turistas se escondem atrás dos muros, seguranças e vidros dos carros fechados para ter o menor contato possível com as pessoas. Vão para um país sem querer vivenciá-lo, apenas aproveitar a praia. *Resorts* de luxo rodeados de bairros inteiros para dar apoio, muitos com casebres com telhado de zinco. Os preços de drinques caríssimos são o equivalente a mais de uma semana de trabalho de quem os serve.

Meu passeio não se prorrogou por muito tempo. Olhei chocado para tudo aquilo, voltei para a pousada, pedi desculpas e peguei a minha mochila. Fiquei tão irritado que não consegui nem esperar o ônibus, peguei um táxi mesmo, afinal seriam apenas 12 quilômetros até a capital do país. Eu não imaginava que mais surpresas estavam por vir. Pararam-nos numa barreira policial. O guarda pediu meu passaporte e ficou puxando papo. Resolveu revistar minha mochila. Perguntou, meio brincando se não "tinha um presente" para ele. Eu me fiz de bobo e ele nos liberou. Não muito tempo depois nos pararam novamente. Dessa vez um soldado sorridente me contou como estavam deixando tudo ótimo e seguro para os turistas. Eu olhei com uma cara de "não estou te entendendo". Ele deu uns tapinhas nas insígnias no seu ombro e pediu uma colaboração. Fala sério! Eu disse que estava sem nada no momento, talvez outro dia. Ele manteve o sorriso, agora bem forçado, e me dispensou.

Foi um alívio chegar a Banjul, cidade calma e sem grandes atrações. Fiquei em um hotel quase ao lado do Arco 22, um monumento em homenagem ao golpe de Estado de 1994. Difícil entender uma homenagem a um ato onde derrubaram um presidente democraticamente eleito. História contada pelos vencedores, já que o presidente Jammeh, estava no poder desde o golpe*.

Andei pela cidade, explorei mercados, prédios históricos, conheci a mesquita principal e busquei informações sobre o *ferry* que teria que pegar no dia seguinte. Por alguns momentos me senti anônimo, mas às vezes apareciam malandros com um papo bem manjado. Sempre muito simpáticos, mas com interesse estampado na cara. Uma pena, mas parece que a barreira entre o estrangeiro e a população local está bem definida nesse país.

Em um restaurante, um aglomerado de pessoas se espremia em frente a uma televisão. Pensei que era um jogo de futebol, muito popular por ali, mas não. Na Gâmbia, assim como no Senegal e grande parte do oeste da África, além do futebol, o esporte nacional é a Luta Tradicional. Parecida com a luta greco-romana, mas embalada por tambores e ritos tradicionais. Ao contrário dos países vizinhos, na Gâmbia e no Senegal os lutadores podem dar tapas antes de derrubar os oponentes, o que torna a luta muito mais violenta. O esporte lota as arenas e sempre está presente na televisão, para delírio dos espectadores.

---

* Foi deposto em 2017, depois de não reconhecer as eleições de 2016. (N. do A.)

Chegada do *ferry* em Barra

O *ferry* de Banjul para Barra é o caminho mais próximo para ligar as capitais da Gâmbia e Senegal. Cheguei cedo para pegar o primeiro, mas acabei tendo que esperar um bom tempo. *Ferry* lotado e com um colorido todo especial, finalmente pude bater papo com pessoas comuns. Uma travessia lenta, bastante agradável, com uma bela vista de Banjul. Em Barra, taxistas me cercaram dizendo que não havia ônibus, que a fronteira com o Senegal estava para fechar, mas eu já tinha me acostumado com a malandragem local. Ignorei o assédio e fui até o pátio do transporte. Deu tempo de comer alguma coisa para gastar minhas últimas notas da moeda local e partir para o Senegal. Pelo menos saí sem ter que pagar pelo carimbo.

Círculos de pedra na margem sul de Janjanbureh

Guiné-Bissau

Praia do Bruce, Bubaque

CAPITAL BISSAU

Nome oficial
República da Guiné-Bissau

Área
36.125 km² (135° maior do mundo, 0,4% da área do Brasil)

Forma de governo
República Semipresidencialista

Moeda
franco CFA (Colonies françaises d'Afrique - XOF)

População
1.604.528 (148ª maior do mundo, 0,8% da população do Brasil)

Idiomas
português e crioulo. Também falados: manjaco, fula, mandinga, balanta, mancanha dentre outros

Visto
emitido em poucos minutos no consulado de Ziguinchor, Senegal

Produto Interno Bruto (PIB) *per capita*
US$ 840 (169ª posição)

Numero de turistas/ano
44 mil – Ranking Turismo –178°

IDH
0,455 (177ª posição)

Para saber mais:

- **Filmes**: Xime, direção de Sana Na N'Hada

As duas faces da guerra, direção de Diana Andringa e Flora Gomes

- **Livros:** Da Guiné Portuguesa à Guiné-Bissau: um roteiro, de Francisco Henriques da Silva e Mário Beja Santos

A última tragédia, de Abdulai Sila

GUINÉ-BISSAU E O ARQUIPÉLAGO DOS BIJAGÓS!

A comunidade lusófona mundial não é grande. Restringe-se a poucos países: Portugal, Brasil, Angola, Moçambique, Cabo Verde, São Tomé e Príncipe, Guiné-Bissau e Timor Leste. Acho muito legal viajar para outros países e falar português, ainda mais como brasileiro. Não que eu não goste de falar outras línguas ou até me comunicar por mímica, mas é curioso você dominar o idioma deles.

Guiné-Bissau não é muito frequentada por turistas. Existem os estrangeiros que trabalham em ONGs, os pouquíssimos turistas endinheirados que vão de avião fretado pescar em uma ou outra ilha, mas não muitos viajantes independentes. Aliás, nos últimos anos Guiné-Bissau tem figurado na lista dos países menos visitados do mundo. Somente isso já me soava tentador, as surpresas sempre são maiores.

Antes da viagem, o visto não parecia algo simples, pelo menos não na Embaixada de Guiné-Bissau no Brasil. Pediram carta-convite ou termo de responsabilidade de algum morador ou empresa de Guiné-Bissau, dentre outras burocracias. Como tudo na estrada é mais fácil, após alguma pesquisa deixei para tirar o visto no Consulado de Ziguinchor, cidade senegalesa que não fica muito longe da fronteira. Cheguei minutos antes de abrirem. Quando o cônsul e seu assistente chegaram, soltei um "bom dia" bem sonoro, orgulhoso do meu português. Recebi uma resposta meio seca: "Nem tão bom...". Mas não deu tempo nem de me preocupar se receberia o visto. O cônsul inclusive preencheu o formulário, só precisei assinar. Entreguei uma cópia do passaporte e fotos 3×4, mas ele nem pegou as fotos. Paguei e saí com um visto de duas entradas, tudo isto em menos de cinco minutos.

No dia da minha partida do Senegal para Guiné-Bissau, fui cedo para o pátio dos transportes. Quem tem visto no passaporte consegue pegar um carro *sept-place* direto de Ziguinchor até Bissau, capital de Guiné-Bissau, sem precisar fazer a viagem em etapas, o que facilita bastante, mas mesmo assim os 140 quilômetros demoraram cerca de 4 horas com os trâmites da imigração.

A estrada do lado senegalês é simples, mas boa. A fronteira é tranquila, sem mais comentários. Atravessei a pé a terra de ninguém e o carro seguiu sozinho para nos encontrar após a imigração. Fiquei amigo de um jovem de Freetown, Serra Leoa, que voltava para casa depois de um período de trabalho em Dakar, Senegal. Ele pararia no caminho caso achasse trabalho. Essas migrações acontecem com muita frequência pelo oeste da África. A facilidade de que eles possam viajar somente com a carteira de identidade ajuda muito. Um alemão que estava indo visitar sua irmã em Bissau também estava no carro, assim como homens de negócio e senhoras voltando para casa.

A estrada do lado de Guiné-Bissau é visivelmente de pior qualidade. O país tem um dos piores IDH do mundo. Se a infraestrutura não colabora com o turismo, a possibilidade de não ter como sacar dinheiro em caixas eletrônicos assusta muita gente. Ser vizinha de Guiné (Conacri), onde houve surto de Ebola, e a instabilidade política, piora ainda mais as coisas.

Logo após a primeira cidade, Santo Domingo, uma ponte nova, com pedágio, leva à pacata Cacheu. A pequena cidade, às margens do rio de mesmo nome, foi um importante entreposto comercial, o que lhe dá um clima histórico. O forte de Cacheu, com suas paredes espessas e canhões, mostra a importância que o lugar já teve para a coroa portuguesa. Era a base para defender seus interesses na região, principalmente marfim e escravos, administrados pela Companhia de Cacheu.

Mercado nos dias de *ferry*, Bubaque

A estrada que vai até Bissau passa por poucos vilarejos, mas sempre que há alguma aglomeração urbana muitos vendedores de castanha-de-caju cercam o carro. O país produz 200 mil toneladas do produto, carro-chefe da exportação, ajudando a economia a crescer mais de cinco por cento no ano anterior ao da minha passagem por lá.

Quando nos aproximamos de Bissau, observei aquele movimento dos subúrbios, com mercados e pessoas, porém bem mais calmo se comparado com outras capitais do oeste africano. Nosso ponto final era por ali e negociei um táxi para ir até o centro. Somente 500 CFA, menos de um dólar para alguns quilômetros de corrida. Foi uma das poucas coisas baratas em Bissau. Está enganado quem pensa que só porque um país é pobre tudo será barato. A pouca infraestrutura e raras opções de hospedagem, por exemplo, fazem os preços dispararem. A pousada que tinham me recomendado era pequena e estava lotada. Fui perguntando e me indicaram outro local. Razoavelmente bom, mas com um péssimo custo-benefício.

Eu tinha tempo para explorar a cidade, mas minha prioridade era saber quando sairia o *ferry* para a Ilha de Bubaque, já que tem apenas um por semana. Caminhei até o porto e depois de procurar um pouco, encontrei um simples cartaz indicando as marés e os horários. Pesquisei sobre canoas que também fazem o trajeto, mas elas são bem esporádicas e a viagem é bastante longa.

O bairro de Bissau Velho fica logo ao lado do porto. É pequeno, talvez umas quatro quadras de comprimento por duas ou três de largura. Ruas estreitas, casas com sacadas de madeira e alguns belos casarões históricos nos arredores. O problema é que em alguns dos casarões funcionam órgãos do governo, da mesma maneira que no grande forte, Fortaleza São José de Amura, que hoje é base militar. Por causa disso, infelizmente, nada de fotos. De qualquer forma foi muito gostoso andar aleatoriamente pelo lugar, explorando cada cantinho.

A cidade parecia parada, talvez por causa do calor, poucas pessoas nas ruas. Passei pela igreja católica, pelo palácio presidencial, mas acabei me refugiando na sombra de uma árvore em um bar em frente à praça Che Guevara. O partido africano para a independência da Guiné Portuguesa e Cabo Verde era de inspiração marxista, e por isso alguns monumentos e ruas têm nomes de figuras revolucionárias. O grande líder da independência, Amílcar Cabral, é lembrado nos livros, muros e corações de toda a população.

Apesar das dificuldades do país, não encontrei nenhum pedinte. Durante toda a estadia me senti seguro, cheguei a sair a pé mesmo à noite, para jantar. Para pegar o *ferry* antes de o sol nascer não foi diferente. Deu tempo de tomar café e comer um sanduíche enquanto a embarcação não saía. Não encontrei muitas opções de comida de rua em Bissau, mas num lugar movimentado como o porto sempre há algumas possibilidades. Comi um bolo tão gostoso que guardei algumas fatias para a viagem.

A embarcação, velha e lenta, tornava o trajeto longo, mas os golfinhos quebravam a monotonia e sempre há alguém disposto a bater papo. Assim que nos afastamos do continente as primeiras ilhas ficaram à vista. O Arquipélago dos Bijagós possui 88 ilhas de todos os tamanhos e estilos. Pena que existe uma dificuldade tão grande de se locomover entre elas. Um *ferry* semanal para as principais, uma ou outra canoa superlotada de pessoas e mantimentos entre as menores, faz com que seja impossível conhecer mais de meia dúzia de ilhas caso não tenha um barco próprio.

Na Ilha de Bolama fica a antiga capital, cheia de prédios coloniais abandonados, enquanto Orango tem os hipopótamos de água salgada. A Ilha João Vieira tem tartarugas, variedade de vida marinha e é ótima para mergulhos, e a Uracane está cheia de flamingos. Algumas são inabitadas, com praias paradisíacas, outras possuem população com vida ainda bastante tradicional, onde o rei ainda é quem manda. Canhabaque talvez seja o melhor exemplo, cheia de lugares sagrados e lendas.

Arquipélago Bijagós

Catedral de Nossa Senhora da Candelária, Bissau

A hospitalidade dos Bijagós é conhecida, mas sempre vale lembrar que lá são eles que mandam. São suas terras, suas leis. O navegador português Nuno Tristão foi o primeiro europeu a chegar ao arquipélago, em 1447. A receptividade naquela época não foi tão boa, já que ele foi morto pelos guerreiros Bijagós.

Eu desci na Ilha de Bubaque, depois de umas 8 horas de viagem. Já tinha feito alguns amigos que me recomendaram uma pousada não muito distante do atracadouro. Outro amigo me recomendou o restaurante da irmã dele. Porções simples e honestas. Um prato com arroz e peixe com molho de amendoim pelo equivalente a um euro. Os pratos mais baratos dos restaurantes simples de Bissau e até de Bubaque custavam mais de cinco vezes este valor, então foi um alívio. Por questões financeiras acabei virando freguês desse restaurante e, por sorte, o ambiente era ótimo. Não pela estrutura, mas por ser um ponto de encontro de pescadores da região, então histórias não faltavam.

O centrinho de Bubaque é relativamente desenvolvido, pelo menos para o que se espera de uma ilha a 8 horas de viagem da capital de um dos países mais pobres do mundo. Possui iluminação pública com energia solar e alguns botecos transmitem jogos de futebol europeu, recebendo a transmissão por antenas parabólicas. Há alguns casarões históricos abandonados ao longo das ruas de terra, onde um ou outro carro passa com intervalo de algumas horas. No sentido mais tradicional da palavra turismo, a cidade pouco oferece, mas para quem gosta de brincar com a criançada, explorar os vilarejos mais típicos e bater papo com o pessoal local, o tempo passa rapidamente.

Dizem que em Guiné-Bissau se fala português, mas não é bem assim. Na verdade somente quinze por cento da população fala português como língua corrente. A língua mais falada é o crioulo (Krioul), usada por mais de setenta por cento da população; diversas outras línguas nativas são faladas em pequenas comunidades. O crioulo de Guiné-Bissau se originou da mistura do português com línguas locais. Apesar de ser uma língua independente, tem um grande percentual de palavras portuguesas, mesmo assim, quando falam rápido é impossível entender. Para descontrair, às vezes eu falava um português bem rápido e cheio de gírias, era risada na certa.

A ilha não tem transporte público. Os poucos carros são de funcionários da ONU, ONGs, de hotéis mais caros ou para transporte de mercadorias. Mas bicicleta é um transporte universal, então não foi difícil encontrar alguém disposto a me alugar uma. O problema é que todas que encontrei estavam em péssimo estado de conservação, mas mesmo sem marchas ou freio, a exploração dos locais mais distantes da ilha ficaria mais fácil.

A Praia do Bruce fica a 18 quilômetros de distância, no extremo oposto da ilha, mas é preciso sair cedo, antes que o sol torne a pedalada proibitiva. Mochila carregada com bananas, mangas, sanduíches e água, muita água. Não tem como se perder. É só achar a estrada branca, a principal via da ilha. A estrada foi construída com conchas, daí veio o nome, mas são tantos os buracos que agora já é de terra mesmo. Muitos cajueiros, todos carregados com frutas. Eu tentava pedalar rápido, mas a bicicleta e a estrada não me deixavam aumentar muito a velocidade. A leve brisa me entorpecia com o cheiro de caju maduro, que aguçava mais um sentido naquele momento. A trilha sonora era a mistura do canto de pássaros com o som dos facões utilizados pelos trabalhadores que limpavam áreas de terreno e coletavam coquinhos de palmeiras. Eu nunca viajo com fone de ouvido ou escutando música porque geraria uma perda muito grande, verdadeira barreira para apreciar a totalidade de um lugar.

Nas pequenas vilas por onde passava, apenas alguns amontoados de casas, crianças vinham correndo para acenar e gritar: branco, branco. Quando paravam para ver o estrangeiro passar, as pessoas se surpreendiam quando eu respondia em português e vez ou outra alguém me acompanhava por alguns minutos de bicicleta. Depois de um longo trajeto, valorizei ainda mais a praia e um refrescante banho de mar. A praia ainda é deserta, mas as coisas devem mudar no futuro, pois estão construindo mais de um hotel por ali. Na longa faixa de areia branca, uma ou outra canoa, onde um porquinho buscava sombra para dormir. Eu preferi a sombra das árvores, um pouco mais para trás, mas ainda com o refresco do vento.

Um dia longo e relaxante na praia cai bem, mas é preciso programar cuidadosamente o retorno. Pela manhã o sol está fortíssimo, por outro lado, anoitece cedo e é preciso considerar a possibilidade de furar um pneu ou acontecer alguma coisa com a bicicleta no caminho. Quando saí, crianças, mulheres e velhos já estavam voltando do trabalho. Com seus facões de ponta reta, cestos cheios dos coquinhos vermelhos e exaustos, alguns acenaram e outros, mais curiosos, arranjaram energia para puxar papo.

Um senhor me pediu água. A dele tinha acabado fazia tempo. Era final de semana, um dia quente de verão, mas eu fui o único que pude aproveitar a praia. É preciso trabalhar, mesmo num final de semana com sol, pois significa a sobrevivência de quem tem poucas possibilidades e depende quase que exclusivamente da natureza.

Algumas pessoas pedalavam em direção a Bubaque. Todas com sacos pesados amarrados nas bicicletas. Foi bom para puxar meu ritmo, pois estando bem mais leve, sem carga, não me permiti ficar para trás. Em cidades pequenas, não demora muito para conhecer muitas pessoas, e assim, os dias iam passando. Procurei um *chip* de celular nas diversas vendas, até finalmente encontrar. Havia ficado dias sem dar notícias e sabia que deviam estar preocupados comigo em casa. Com o *chip* em mãos, descobri que era preciso fazer um registro no continente. Parecia um caso perdido quando um dos meus amigos ligou para o irmão dele em Bissau. Lá na capital, ele pegou a moto e foi até uma agência telefônica para cadastrar o meu número no nome dele, e assim pude usar o celular.

Quando chegou o dia de partir, uma pequena feira de rua se formou em frente ao píer. A cidadezinha estava animada e até apareceu um grupo cantando enquanto o *ferry* partia. Horas de viagem, e quando cheguei a Bissau já estava escuro. Mas já me sentia em casa e caminhei até o mesmo hotel, saí para comer e senti que já entendia bem como as coisas funcionavam na pequena capital.

Aproveitei mais um pouco de Bissau, mas já estava quase na hora de me despedir. Não sem antes experimentar as famosas ostras de Quinhamel, aproximadamente 30 quilômetros a noroeste de Bissau, à beira-mar. É um programa imperdível para quem gosta de comer bem. Dizem que no fim de semana fica cheio, mas em dias normais é muito tranquilo.

Um lugar que eu gostaria de ter conhecido é a vila de pescadores de Varela, no extremo norte do país. A estrada de Santo Domingo para la não é das melhores e o transporte não é frequente. Eu tinha planejado passar uma noite lá, mas ouvi rumores de que as fronteiras do Senegal com a Gâmbia tinham sido fechadas novamente. Se fosse verdade eu teria que contornar toda a Gâmbia, mais de 24 horas de viagem, para poder chegar a Dakar e pegar meu voo para o Brasil. Resolvi não arriscar.

Bissau Velha

Guiné-Bissau está na rota do tráfico de drogas internacional. Com tantas ilhas e uma marinha com poucas embarcações, tornou-se a porta de entrada da cocaína que vai para a Europa. No controle de passaportes de saída, esboçaram uma revista na mochila e encontraram meia dúzia de peças de roupa suja e algumas histórias escritas. Deviam estar entediados, pois adoraram minhas histórias de lá e de outros lugares que identificaram nos vistos estampados no passaporte. O papo estava bom, mas eu tinha que seguir viagem. Abriram um sorriso quando disse que recomendaria o país para meus amigos. "Obrigado, serão sempre bem-vindos...", acenou o oficial da imigração com um sorriso no rosto. E eu segui entre mulheres com vestidos coloridos, homens com sacos pesados nas costas e contrabandistas pela terra de ninguém até voltar para o Senegal.

Praia do Bruce, Bubaque

Parte III

3.571 km

ANGOLA
NAMÍBIA
BOTSUANA
ZIMBÁBUE
ÁFRICA DO SUL
LESOTO
ÁFRICA

Rota III

Lesoto

Semonkong Canyon

CAPITAL MASERU

Nome oficial
Reino do Lesoto

Área
30.355 km² (138° maior do mundo, 0,4% da área do Brasil)

Forma de governo
Monarquia Constitucional

Moeda
loti

População
2.007.201 (146ª maior do mundo, 1% da população do Brasil)

Idiomas
sesoto, inglês,

Visto
brasileiros podem emitir visto pela internet (http://evisalesotho.com/). Passaporte europeu não precisa de visto.

Produto Interno Bruto (PIB) ***per capita***
US$ 1,358 (153ª posição)

Número de turistas/ano
470 mil – Ranking Turismo – 131º

IDH
0,520 (159ª posição)

Para saber mais:

- **Filmes**: Cry Freedom, direção de Richard Attenborough

- **Livros:** Singing away the hunger: The autobiography of an African Woman, de Mpho 'M'atsepo Nthunya

O REINO DAS MONTANHAS

A antiga Basutolândia, uma colônia africana do Reino Unido, passou a se chamar Lesoto após a independência. Olhando no mapa, é difícil acreditar que não tenha sido incorporada à África do Sul, pois é como uma ilha dentro dela. Um fato interessante é que praticamente toda a população é Basoto, diferente dos outros países africanos que são constituídos por diversos grupos etnolinguísticos.

Em 2009, quando iniciava minha viagem pela África, contada no meu primeiro livro, "De Cape Town a Muscat: uma aventura pela África", quase visitei Lesoto. Estava explorando as fantásticas montanhas de Drakensberg, bem próximas da fronteira do Lesoto então fazia sentido visitar o país. Mas existia um problema, o Lesoto exige visto para turistas brasileiros e na época não podia ser feito na fronteira. Era preciso ir até uma embaixada, ou consulado em Durban, e aguardar alguns dias. Mas, eu tinha conseguido carona para ir para a Namíbia partindo de Johanesburgo em poucos dias, portanto não tive tempo para aguardar o visto. Fiquei muito bravo, cheguei a ironizar Lesoto no livro, chamando o país de Poderoso Reino do Lesoto. Hoje sei que não era para eu ter ido naquela ocasião. A maioria dos turistas parte da África do Sul e vai até o Sani Pass, uma estrada nas montanhas que divide os dois países, com paisagens belíssimas. No máximo fazem uma caminhada ou tomam uma cerveja no bar mais alto da África. Teria sido pouco, tenho certeza.

Quase oito anos se passaram e eu estava aterrissando em Maseru, a pequena capital do Lesoto. O tímido aeroporto fica um pouco afastado, região rural eu diria, e não tem movimento algum. Algumas vans privadas fazem o trajeto até o centro da cidade, mas a preços exorbitantes, pelo menos para um viajante independente. Nada de táxis na frente do aeroporto, tampouco ônibus. O jeito foi caminhar até a rodovia e esperar algum transporte. Achei que conseguiria uma carona, mas acabei saltando na primeira van que apareceu. Era um táxi coletivo e eu era o primeiro cliente. Passamos por diversos vilarejos, dando voltas e buzinando para recolher passageiros, até chegar a hora de seguir para Maseru. Tudo isso após voar Curitiba-São Paulo-Johanesburgo-Maseru, com as devidas conexões e esperas nos aeroportos. Confesso que a buzina incomodou, mas não me impediu de metralhar o cobrador com perguntas sobre o país e o dia a dia dele. Estava cansado, mas feliz por estar de volta à estrada.

Maseru é pequena, com poucas atrações, e é fácil caminhar pela região central, mas eu não queria perder tempo, pois ainda tinha uma etapa da viagem para cumprir. Fui até o estacionamento das lotações e não demorei muito para achar um táxi até Semonkong. No Lesoto chamam tanto táxi quanto lotação de táxi, o que gera certo problema de comunicação, pois às vezes acham que você quer um carro para viajar sozinho.

A lotação estava quase cheia, então logo saímos. Uma estrada simples, de asfalto novo, sem nenhum buraco na pista. Já nos arredores de Maseru, um visual de chapadas, com montanhas em forma de mesa, mas que logo foram ficando mais altas e em outros formatos. Passamos por Roma, onde está a universidade do país, e por alguns desfiladeiros nas montanhas. As curvas, subidas, pedras que rolavam para a pista e algumas ovelhas que insistiam em atravessar a estrada para desespero dos pastores, não permitiam que a velocidade fosse alta. Até poucos anos, o fim do trajeto era feito em estrada de terra, mas agora todos os 120 quilômetros são asfaltados, deixando a viagem bem mais rápida.

Pastores em Linakaneng

Semonkong é minúscula. O centrinho é basicamente formado pelo pátio de transporte, onde esporadicamente tem um ônibus, uma ou outra lotação, algumas caminhonetes e mais de uma dezena de cavalos. Fácil de ver que o transporte oficial da região são os cavalos e burricos. Fui caminhando até o hotel que ficava nos arredores do vilarejo, e já deu para ter um panorama geral do lugar. Praticamente todos os homens estavam vestidos da mesma maneira. Enrolados em um cobertor preso por um grampo, botas, e um gorro onde só o rosto, ou os olhos, ficam aparentes.

Apesar de o verão estar se aproximando, na recepção do hotel me deram todas as instruções para acender a lareira caso esfriasse muito à noite. Um quarto coletivo limpo, banheiro com água quente e tudo, num chalé estilo refúgio de montanha.

Adorei caminhar pela região, observar a rotina diária dos pastores, não só no vilarejo, mas principalmente nos arredores, onde é possível ver também diversos pássaros, entre eles águias e íbis-carecas. Casas redondas de pedra se misturam com outras de telhado de zinco, completando a paisagem.

Nas proximidades do hotel, uma ou outra pessoa pode se aproximar de você para se oferecer como guia ou para alugar um cavalo, mas muito longe de qualquer tipo de assédio, mesmo que o turismo não deixe de ser uma importante possibilidade de renda.

É fácil localizar-se pela região, inclusive de encontrar o caminho para a incrível cachoeira Maletsuyane. A trilha é relativamente bem marcada, mas na dúvida, sempre existem pastores dispostos a apontar o caminho. Ao cruzar com os pastores, o mais comum é escutar: *Lumela*, forma que se cumprimentam por lá e repetida quase como um mantra. Impossível passar por alguém que não cumprimente você. Os pastores, muitas vezes entediados de cuidar dos animais o dia todo, normalmente adoram conversar quando abordados, ou pelo menos tentar, já que ao contrário das cidades, no campo poucos falam inglês. Garantia de boas risadas.

Tinha acordado cedo para fazer a caminhada até a cachoeira Maletsuyane, pensando que poderia fugir da chuva que muitas vezes vem no fim de tarde, mas não tive sorte. O tempo ficou fechado quase todo o dia, chegaram a cair alguns pingos até, mas nada disso me impediu de apreciar a beleza da região.

Pastor em Semonkong

A cachoeira parece desenhada, com seus 204 metros de queda, onde o rio segue pelo cânion. Um silêncio quase absoluto, somente quebrado pelo vento, pássaros e esporadicamente por uma ovelha perdida. Poderia ter sido um passeio relativamente rápido, mas acabei me empolgando e seguindo pelo cânion, buscando as melhores vistas da região e gastando longos minutos sentado, somente contemplando.

Lesoto é um país todo montanhoso, não existem muitas estradas, portanto na maioria das vezes é necessário dar grandes voltas para chegar ao seu próximo destino. O transporte não é frequente e normalmente é melhor voltar até a capital, Maseru, do que ficar à beira da estrada, pois os transportes que passam já estão lotados. Foi o que fiz. Na capital, não sabia muito bem qual caminho seguir. A estrada A1, que vai pelo norte, é bem mais rápida e direta. No entanto, obtive informações de que a A3, apesar de secundária,

é mais cênica. A falta de frequência dos transportes acabou ajudando, pois encontrei uma van partindo no sentido A3 exatamente quando cheguei, e resolvi não desperdiçar a oportunidade.

Dessa vez o táxi estava superlotado. Além dos passageiros, malas e sacolas ocupavam qualquer espaço em que se pudesse colocar alguma coisa. O motorista parou para comprar um jogo de pneus, que foram devidamente acomodados dentro da van também. Caixas de pintinhos e sacos com mantimentos não poderiam faltar. Uma criança no braço de sua mãe não parava de me encarar. Tentei fazer caretas, mas a expressão dela não mudava. Um olhar fixo, que só desviava quando tentava mamar. Os seios murchos provavelmente não forneciam mais muito leite, mas acalmavam o bebê na longa viagem. Vez ou outra a mãe dava uma colherada de iogurte, rapidamente aceita pela criança antes de grudar novamente no seio castigado.

Casas típicas no interior do Lesoto

Paisagens exuberantes, muitas curvas e um sobe e desce interminável. Passamos pela represa em Mohale, onde estão construindo um grande complexo turístico. Seguimos adiante, atravessando o passo Mokhoabong, até chegar a Thaba-Tseka. Nada de hotéis para turistas, mas sempre há opções onde trabalhadores locais e funcionários do governo se hospedam. Pelo menos eu teria alguém para bater papo enquanto tomava uma cerveja depois de um longo dia de viagem.

Para minha sorte, o café da manhã estava incluso na diária do hotel. Refeição farta logo pela manhã, com ovos, bacon, salsichas, batata e feijão. Mal sabia eu que passaria o dia inteiro na estrada. No mapa parecia fácil ir de Taba-Tseka até Mokhotlong, mas não é bem assim. As estradas pelas montanhas são traiçoeiras, ainda mais quando termina o asfalto. Fui bem cedo para o pátio de transporte, mas lá havia somente uma caminhonete e um ônibus velho que iriam a Maseru. Os motoristas chegaram a me recomendar que eu refizesse todo o caminho para pegar a estrada principal A1 até Mokhotlong, o que duraria dois dias de viagem. Tentei carona à beira da estrada por uma hora, mas nenhum sinal de algum veículo indo naquela direção. Um senhor me confortou dizendo que existia uma van que iria até Linakaneng, a 70 quilômetros dali, de onde eu poderia seguir viagem. Fiquei batendo papo e para minha surpresa chegou a tal lotação. Eu era o primeiro passageiro e temi ter que esperar horas para seguir viagem. Não foi o caso. O preço da passagem é mais alto, mas saem antes de recolher passageiros suficientes para encher o veículo. Deram umas voltas pela região recolhendo pouco mais de meia dúzia de pessoas e eu pude passear por belas paisagens nos vilarejos vizinhos entre as montanhas.

Eu não imaginava que a viagem pudesse demorar tanto. Com o fim do asfalto, as diversas subidas e paradas para pegar passageiros no caminho, acabou demorando mais de 3 horas. Nessas ocasiões vejo como a viagem depende muito da forma que sua mente está preparada. Se você quer chegar em um horário determinado para fazer uma atividade ou ver algo, pode ficar muito irritado. Mas se está tranquilo, curtindo a música tradicional tocando no rádio, batendo papo com o motorista e apreciando o visual incrível ao lado, a sensação da passagem do tempo é diferente. O caminho passa a ser a atração principal; o trajeto demorado só vai prolongar a sua contemplação.

Linakaneng é um amontoado de casas no meio das montanhas. Destaque para a escola e o grande campo de futebol. Algumas barracas vendem mantimentos e tudo que alguém pode precisar, de botas, cordas a lanches rápidos. Uma van com duas pessoas dentro estava parada ao lado da estrada. O motorista com quem eu viajara até ali tinha feito contato com eles por telefone avisando que eu gostaria de seguir viagem, então achei que estavam apenas me esperando. Deixei minha mochila para guardar lugar e pedi que esperassem para eu comprar algo para comer. O bolinho de chuva, uma espécie de sonho sem recheio é a opção mais barata e fácil de encontrar. Pães caseiros também estão disponíveis, assim como salsichas.

Quando voltei descobri que a lotação esperaria mais passageiros para sair. Incrível como em um vilarejo no meio das montanhas, o transporte só sai quando os passageiros decidem. Não tem um horário marcado. Quem não estiver lá, perde o único transporte do dia. Mas para valer a pena para o motorista, só com lotação máxima. Demorou algumas horas. Deu tempo de ver as crianças cantarem o hino na saída da escola e também algumas outras músicas antes de voltarem correndo e brincando para suas casas, pastores atravessarem a cidade com seus grandes rebanhos e cachorros, amigos apostarem corrida a cavalo e outras cenas do dia a dia de um vilarejo de montanha. Tudo com um visual incrível atrás.

Finalmente seguimos pela pequena estrada entre as montanhas e a vantagem da van estar cheia é que não parava para pegar passageiros. As curvas e subidas não deixavam a viagem fluir muito, mas em certo momento chegamos ao asfalto novamente. Placas indicando para ter cuidado com gelo na pista e com o perigo de neve mostravam que o Lesoto está longe da África do imaginário coletivo. Para completar a quebra dos estereótipos, diversas placas apontavam para as estações de esqui da região. Como era verão, nada de neve, mas as pistas também são utilizadas para atividades como *mountain bike*, por exemplo.

No último trecho, fomos pela excelente estrada até Mokhotlong. Nem tive como escolher o hotel, pois caiu uma chuva torrencial e entrei no primeiro que apareceu. A região é muito bonita e o turismo tem se desenvolvido rapidamente. A proximidade da fronteira com a África do Sul com certeza ajuda. Há diversas opções de caminhada pelas montanhas mais altas do sul da África, com destaque para Thabana Ntlenyana, que tem 3.482 metros. Com a chuva e a altitude, a temperatura despencou à noite. O único transporte até Sani Pass é o que depois segue para a África do Sul. Devido ao mau tempo, desisti de parar em Sani; caminhadas com chuva e neblina não seriam nada proveitosas. A estrada, que era perfeita até a fronteira, virou um zigue-zague de terra quando entramos na África do Sul descendo a montanha. Muitas vezes tínhamos que esperar caminhonetes que traziam turistas para passeios de um dia no Lesoto passarem para podermos fazer a curva.

Imigração da África do Sul feita, o transporte não segue até Underberg, a primeira cidade. Paramos num quiosque onde teríamos que esperar outra van, com preço alto para a pequena distância. Com chuva e nada de interessante acontecendo, aproveitei uma oportunidade e peguei carona com um alemão que acabara de deixar um estrangeiro ali. Uma carona até Underberg já me ajudaria bastante, e quase não acreditei quando descobri que ele estava indo para Durban, minha próxima parada.

Montanhas do Lesoto

Suazilândia

Santuário selvagem de Mlilwane

CAPITAL

MBABANE (ADMINISTRATIVA)

LOBAMBA (LEGISLATIVA E SEDE DA CORTE)

Nome oficial
Reino de Essuatini / Reino da Suazilândia

Área
17.364 km² (154° maior do mundo, 0,2% da área do Brasil)

Forma de governo
Diarquia absoluta

Moeda
lilangeni suázi

População
1.093.238 (155ª maior do mundo, 0,5% da população do Brasil)

Idiomas
inglês e suázi

Visto
brasileiros não precisam de visto

Produto Interno Bruto (PIB) ***per capita***
US$ 4.250 (109ª posição)

Número de turistas/ano
921 mil – Ranking Turismo – 115º

IDH
0,588 (144ª posição)

Para saber mais:

- **Filmes**: Wah-Wah, direção de Richard E. Grant
- **Livros:** The Swazi, A South African Kingdom, de Hilda Kuper

A ÚLTIMA MONARQUIA ABSOLUTISTA DA ÁFRICA

Vale Ezulwini

Nas regiões rurais do continente africano ainda existem centenas, talvez milhares de pequenos reinados. Apesar de a população local se submeter às decisões dos monarcas, as leis oficiais dos países são regidas por governos centrais. A realeza em muitos desses lugares é somente um título. Não que não exista um status financeiro e político gigantesco comparado com a população em geral, mas não existe abundância como em um reinado imaginário.

São poucos os reinados absolutistas na atualidade, mas existe uma pequena nação no sul da África que funciona dessa maneira. A Suazilândia, um dos menores países do continente, espremida entre a África do Sul e Moçambique. Lá, o Rei Mswati III é literalmente rei, tendo o direito de escolher o primeiro-ministro, mudar leis e fazer o que bem entender do seu reinado. Não que ações assim não sejam executadas por ditaduras em outros países, mas nesse caso é oficial, é a forma de governo estabelecida.

Todos os anos, durante os oito dias de duração do Festival Umhlanga, também chamado de Swazi Reed Dance, o rei pode escolher uma nova noiva. Apelidado de Ngwenyama - rei leão, ele tira seu terno e se veste com roupas tradicionais para ver milhares de mulheres virgens dançando de *topless* Assim, ele escolhe uma nova esposa para fazer parte do seu harém, mas somente se casa depois que elas engravidam, provando sua fertilidade. Já são 15 esposas e pelo menos 30 filhos. Para as meninas é uma forma de mudar completamente o seu futuro. Após a cerimônia, ele pendura as roupas tradicionais e vai para casa brincar com sua coleção de carros de luxo e cuidar da sua fortuna, que segundo a Revista Forbes, já passa de 200 milhões de dólares.

No início de 2018, o Rei Mswati III, decidiu alterar o nome do país. De Suazilândia, passaria a ser chamado de Reino de eSwatini. Segundo ele, o nome do país em inglês, Swaziland, era muito parecido com o nome da Suíça, Switzerland, e causava muitas confusões. A troca oficial ocorreu durante as festividades dos 50 anos da independência do país, que coincidiram com os 50 anos do rei.

Para chegar à Suazilândia peguei uma kombi em Durban, África do Sul. É surpreendente como o transporte público é subestimado na África do Sul. Estrangeiros muitas vezes pagam fortunas por serviços como o *Baz Buz*, um micro-ônibus que os levam de *hostel* em *hostel* em dias marcados, enquanto existem lotações muito mais baratas.

A estação YMCA em Durban não é muito movimentada e tem até uma ou outra barraquinha vendendo sanduíches de ovo enquanto você aguarda a kombi sair. O nome kombi indica o estilo do transporte. Todos se referem ao transporte dessa maneira, mas a que ia para a Suazilândia era uma Mercedes Sprinter novinha, bastante confortável. As estradas nessa parte da África do Sul são perfeitas, pistas largas nos dois sentidos, com asfalto de qualidade. Infraestrutura muito melhor do que no Brasil.

No controle de passaporte da saída da África do Sul tive um problema. Eu tinha o carimbo da entrada no país, mas o oficial não havia lançado no sistema. Acabou demorando um pouco, mas nada grave. O ocorrido chamou atenção de outro estrangeiro que estava na kombi e começamos a conversar. Inicialmente em inglês, mas depois rimos muito quando descobrimos que ambos éramos brasileiros. Jaime mora nos EUA há muito tempo, e estava começando sua viagem de dois meses pela região sul da África. Inicialmente somente atravessaria a Suazilândia a caminho de Moçambique, mas resolveu seguir comigo para conhecer pelo menos um pouco do país.

A Suazilândia fica perto do Kruger Park, parque para safári mais famoso da África do Sul, o que faz com que o país receba uma quantidade razoável de turistas, pelo menos considerando o seu pequeno tamanho e número de atrações. Desde a época do Apartheid, quando o turismo na África do Sul era boicotado, a Suazilândia já vinha se desenvolvendo nessa área. Eu não tinha muitos planos quando cheguei à pequena Manzini, cidade que é o centro econômico da Suazilândia. Poderia ir até Lobamba, capital legislativa do país, que fica a poucos quilômetros dali e é praticamente o centro cultural do país, além de ter alguns monumentos, prédios públicos e museu. Mas também é a região onde se concentra o maior número de hotéis, *spas* e cassinos, estrutura que busca capitalizar o ganho com os turistas.

Optamos, Jaime e eu, por evitar Lobamba, que poderia ser a base para visitar o Vale Ezulwini, o chamado Vale do Céu, e decidimos entrar pelo sul do Vale, nos hospedando dentro do Miwane Wildlife Sanctuary, de frente para o Vale Malkerns. Como ficaríamos hospedados dentro da reserva, não havia como chegar lá utilizando transporte público. Mas existe a opção de pegar um táxi ou até agendar o translado com o pessoal do *hostel* Sondzela Backpackers. O *hostel* fica em um casarão antigo, com dormitórios e quartos privativos disponíveis.

Existem algumas boas trilhas para caminhadas, todas bem sinalizadas. Apesar de ser a continuação da Mantega Nature Reserve, nessa região não existem predadores, então é possível caminhar sozinho sem problema algum. Foi o que fiz, e não demorou muito para que eu estivesse na companhia de antílopes, zebras, gnus e javalis, tudo sob jacarandás floridos e belas colinas ao fundo. Mesmo sabendo que não existe perigo ao caminhar buscando a vida selvagem, é curioso como sempre nos assustamos e sentimos certa ansiedade ao escutar algum barulho diferente.

Os macacos, já acostumados com a presença dos hóspedes, normalmente ficam mais perto da casa, nos arredores da piscina, talvez buscando algum resto do jantar que é servido ao lado da fogueira. Por falar em jantar, os próprios animais da reserva são abatidos, e antílope foi o prato principal da primeira noite.

Havia outros hóspedes no *hostel*, dentre eles Thomas e sua família. Ele é belga, mas foi criado na França. Trabalha para os Médicos sem Fronteiras e morou em diversos países, como Afeganistão, Burkina Faso e Haiti. Acabou sendo um excelente bate-papo, pois ele ficou muito curioso sobre minhas viagens e meu último livro, "Uma viagem pelos países que não existem". Sua esposa é taiwanesa, e pedia para que ele traduzisse o que estava escrito. Ele lê em português, então deixei um livro de presente. Segundo eles, seus filhos estavam bem-adaptados à vida na Suazilândia. A sogra tinha vindo de Taiwan para ajudar com o recém-nascido, que tinha três meses à época. Jogamos pingue-pongue e eles falaram que eu segurava a raquete como os chineses. Não sei bem o que isso quer dizer, já que a disputa entre Taiwan e China é feroz.

Na Suazilândia existem diversas Vilas Tradicionais. Locais montados para os turistas tirarem fotos com os Swazis vestindo suas roupas típicas e quem sabe tentar dançar música folclórica com eles. Já fui a lugares parecidos em outros países, mas agora normalmente desvio desse tipo de experiência.

Numa noite, após o jantar, nos avisaram que uma van aguardava os hóspedes para levá-los a um *lodge* que fica dentro do mesmo parque. Haveria uma apresentação de música e dança típicas. Jaime e eu nos juntamos à família belgo-taiwanesa e outros turistas, sul-africanos e europeus que vinham de uma excursão pela África do Sul. O motorista colocou uma música eletrônica, *psy-trance* no volume máximo. No caminho, deu carona para sua irmã e outros dois rapazes que caminhavam pelas ruas de terra que davam acesso ao *lodge*. Eles eram os dançarinos que se apresentariam naquela noite. Vestidos com roupas comuns, levavam as roupas tradicionais e adereços numa mochila da Adidas, provavelmente fabricada na China. Viva a globalização.

Café da manhã do hotel

Sentamo-nos em troncos ao redor da fogueira e esperávamos os hóspedes do *lodge* terminarem seu jantar à luz de velas para o início da apresentação. Começou uma ventania forte e o tempo mudou completamente. As nuvens chegaram tão rápido, cobrindo as estrelas e a lua quase cheia, que os turistas não tiveram nem tempo de avançar sobre o farto bufê de sobremesas. Acabou a luz, e foi um corre-corre para se proteger da tempestade que levantou muita poeira, criando um clima de catástrofe, junto com o barulho de copos quebrando, árvores balançando com força e pessoas desesperadas. Torcemos para que a van chegasse antes da chuva. Foi por pouco, mas tivemos sorte e acabamos nem nos molhando. Voltamos para nosso dormitório e a música mais tradicional que escutamos foi a do provável DJ israelense que fez a trilha sonora daquela noite, que de certa forma até combinava com os raios e trovoadas.

No domingo, antes que o Jaime seguisse para Moçambique e eu para o Zimbábue, via África do Sul, decidimos passar na igreja. Segundo Thomas, nada mais típico na Suazilândia que um domingo na igreja. Já no transporte público podíamos observar pastores e mulheres com seus melhores trajes. Pastores de pessoas, não de animais, mas mesmo assim com seus cajados de ponta circular. Queríamos ir a uma missa da Igreja de Zion, mas acabamos em uma Igreja Anglicana mesmo. Estava lotada, e tinha um coral muito bom. Os hinos africanos em geral são lindos, possuem entoação e timbre muito especiais.

Em toda aglomeração que via na Suazilândia, não conseguia deixar de lembrar que mais de vinte e cinco por cento da população adulta do país é portadora do vírus da Aids. São números assustadores. Frequentadores de igrejas não seriam exceções, já que a poligamia é bastante frequente. Foi um bom programa de despedida da Suazilândia. Achar transporte para sair do país foi fácil, afinal no pátio havia mais kombis do que pessoas.

Na última parada antes da imigração fui até um quiosque gastar meus últimos emalangenis, moeda local que tem o valor equiparado ao rand sul-africano, também aceito na Suazilândia. Era minha última chance, pois o contrário não acontece. O emalangeni não pode ser trocado fora do país. Comprei dois bolinhos e a atendente me deu um terceiro: "O último", disse ela, "já está meio quebrado". O seu irmão logo apareceu também. "Você não vai tomar café?", indagou ao me ver comer os bolinhos sem beber nada. Expliquei que só estava gastando o restante de dinheiro local antes de entrar na África do Sul. "Eu pago", disse ele antes de me servir e encher um copo para ele também. Contou que tinha acabado de voltar de uma temporada de trabalho no Canadá. Juntou dinheiro, voltou para a Suazilândia para empreender e abriu aquele pequeno quiosque, mas tinha planos bem mais ambiciosos. Sonhava com um restaurante, já que trabalhou muito como garçom e ajudante de cozinheiro em Toronto.

Missa dominical em Manzini

"Me conte, como é viajar com a mochila nas costas?", perguntou curioso, aparentemente sem se importar que minha kombi estivesse para sair. Como não consegui dar uma resposta satisfatória antes de embarcar, ele fez questão de me passar seu contato de Facebook, para ter certeza de que continuaríamos a conversa. Não foi surpresa alguma quando essa conversa, e muitas outras, continuaram de forma digital.

Caminhada entre gnus

Zimbábue

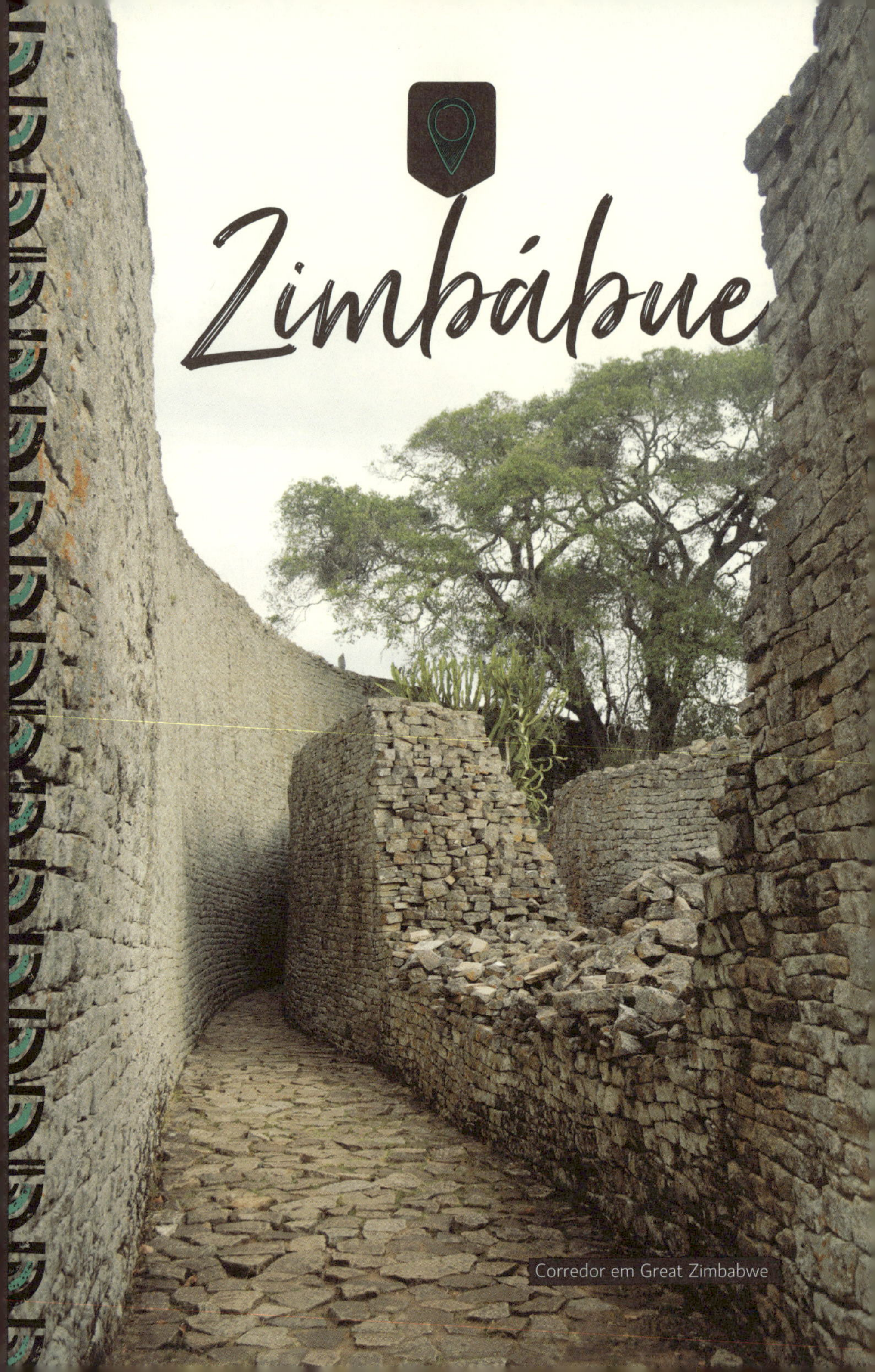

Corredor em Great Zimbabwe

CAPITAL HARARE

Nome oficial
República do Zimbabwe

Forma de governo
República Presidencialista
(sob junta militar)

População
15.159.624 (73ª maior
do mundo, 7,2% da população
do Brasil)

Visto
emitido nas fronteiras

Moeda
dólar americano, rand

Número de turistas/ano
2,4 milhões –
Ranking Turismo – 77º

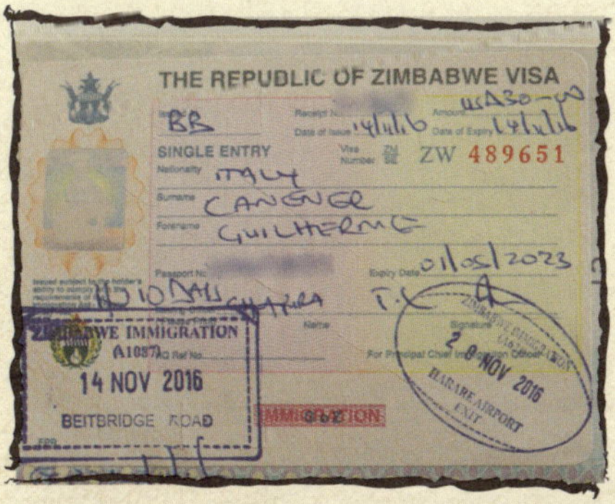

Área
390.757 km² (60º maior do
mundo, 4,6% da área do Brasil)

Idiomas
inglês e outras 15 línguas
oficiais: cheua; bárue; kalanga;
koisan; nambya; ndau; ndebele;
shangani; shona; língua de sinais
zimbabueana; soto; tonga;
tsuana; venda; xhosa

Produto Interno Bruto (PIB) *per capita*
US$ 1,712 (145ª posição)

IDH
0,535 (156ª posição)

Para saber mais:

- **Filmes**: Flame, direção de Ingrid Sinclair

  Zimbabwe Countdown, direção de Michael Raeburn

- **Livros:** The House of Hunger, de Dambudzo Marechera

  Esperança para voar, de Rutendo Tavengerwei

A GRANDE CASA DE PEDRA

A antiga Rodésia do Sul conquistou sua independência em 1980 e passou a ser chamada de Zimbábue. O herói da independência, Robert Mugabe, poderia ter entrado para os livros de história como o mocinho, mas gostou tanto do poder que se manteve no comando do país por quase 40 anos*.

Em 2009, quando viajei pela África, tinha grandes expectativas de visitar o país. Infelizmente, devido ao colapso econômico que resultou na dolarização da economia, a epidemia de cólera que se alastrava e a falta de combustível, acabei não indo para lá. Cheguei pertinho, do outro lado do rio Zambezi, na Zâmbia. Mas nunca cruzaria a fronteira se não fosse para realmente explorar o país. Muitos anos se passaram e eu estava empolgado em finalmente poder conhecer o Zimbábue, e acho que minha impressão do país com certeza foi bem diferente do que seria naquela vez. Não são apenas os lugares que mudam, as pessoas e percepções também.

A Park Station em Johanesburgo, África do Sul, não é o lugar ideal para você ficar de bobeira. Tive que gastar um tempo lá, entre a minha chegada da Suazilândia e a saída do ônibus que iria para Zimbábue. Não que seja algo muito assustador para um brasileiro, mas principalmente os arredores da estação são cheios de malandros e potenciais assaltantes. Tive que dar um "chega pra lá" em um cara bastante agressivo, que jurava ter uma faca entre o jornal enrolado no bolso traseiro, mas pude contornar a ameaça com bastante firmeza. A estação é ampla e bem estruturada, tem até Wi-Fi gratuito, mas é curioso que não existam tomadas disponíveis, portanto se quiser carregar o celular precisa pagar em um restaurante ou usar máquinas de recarga.

Meu ônibus não era dos mais confortáveis, mas custou praticamente metade do valor de uma empresa grande como a Greyhound. No fim das contas, acho que valeu a pena o custo-benefício. A imigração é feita na Beit Bridge, único posto de controle entre os dois países, portanto bastante movimentado. O processo pode parecer simples, mas demorou algumas horas. No início eu estava um pouco aflito, pois tinha que preencher a papelada e esperar meu visto ficar pronto antes de o ônibus partir. Mal sabia eu que os oficiais ainda iriam revistar grande parte das bagagens e haveria muita burocracia sobre importação de mercadorias. O grande número de caminhões também não ajudou na velocidade dos trâmites.

---

* Foi deposto em 2017. (N. do A.)

Já estava no meio da madrugada, eu estava cansado, mas a excitação de chegar a um novo país não me deixava dormir. Os outros passageiros e até os vendedores indicavam que a experiência seria boa. Educados, comunicativos, sem ser invasivos. Quando amanheceu foi fácil observar as diferenças de infraestrutura entre os dois países. Em outros lugares do Zimbábue até encontrei boas estradas, mas logo depois da fronteira foi gritante o contraste com a África do Sul. Todo o sul da África tem sofrido com a falta de chuva nos últimos anos. A paisagem tem se transformado bastante e a seca castiga a população e os animais. Apesar de a África do Sul também passar por essa dificuldade, é possível notar que o Zimbábue sofre mais com a situação.

Cheguei a Masvingo ainda bem cedo. O ônibus não faz parada numa rodoviária ou em um pátio de transporte, mas sim em um relativamente bem estruturado posto de gasolina ao lado da estrada. Parada rápida, mas os passageiros puderam ir ao banheiro ou comprar comida. Para mim foi excelente, eu seguiria viagem dali. Logo alguns taxistas se ofereceram para me levar até Great Zimbabwe. Era óbvio que um estrangeiro almejava chegar lá. Apesar de não ser muito longe, ficaria caro, pois eu estava sozinho. O jeito foi pegar um táxi coletivo para o centro da cidade e de lá uma lotação para Great Zimbabwe. Transporte digno do nome, pois estava superlotado de passageiros e ainda colocaram galinhas amarradas no meu colo. Desci perto do parque e ainda precisei caminhar aproximadamente 800 metros, mas valeu a pena. Além de toda a experiência, o custo foi um décimo do valor do táxi direto.

Portão em Great Zimbabwe

Os hotéis na região não são dos mais baratos, principalmente se você estiver sozinho. O valor do quarto é o mesmo para uma ou duas pessoas. Optei por ficar na hospedagem dentro do parque pela vantagem de estar a poucos metros da entrada das ruínas. O que eu não contava era com a qualidade do lugar. Eu não sou de reclamar, já dormi em lugares muito simples quando não tinha outra opção, mas aquele dormitório não dava. Não sei se eu estava cansado da noite maldormida no ônibus ou se os beliches com colchões rasgados me assustaram. Fezes, sabe-se lá de que animal, espalhadas pelo quarto não me animaram muito. Eu cheguei a aceitar o quarto, deixei minha mochila, fui tomar um banho e fiquei pensando sobre o que faria, já que não forneciam lençol nem mosquiteiro, e desta vez eu não estava preparado. Decidi ir para um dos quartos privados, mesmo tendo que pagar o dobro. Não foi o banho relaxante que me fez tomar a decisão, mas babuínos sedentos que entraram no banheiro sem portas, para tomar água. Assim como com os malandros da Park Station, tive que me impor, mas somente usando um jogo psicológico, sem dar um passo a mais para o conflito. Afinal de contas eu estava pelado, de chinelo, com uma pequena toalha numa mão e *nécessaire* na outra. Senti-me vulnerável, nem correr eu conseguiria. Depois de gritos de intimidação, minhas roupas sujas caíram no chão molhado quando eu arremessei o sabonete e segurei o *shampoo* como se fosse uma arma poderosa. Situação digna de filme de comédia de quinta categoria, mas deu certo.

Depois de estar a salvo, bem alimentado e bem descansado, já poderia sair e conhecer as famosas ruínas da cidade perdida, digo, do reino perdido. Uma pequena trilha levava até lá, era como se fosse o quintal de casa de tão perto. Foi incrível caminhar pela região, explorando cada cantinho do que já foi um importantíssimo centro político e comercial do sul da África.

O início da construção do antigo Reino de Zimbabwe é controverso, mas teve o seu apogeu entre os séculos XIII e XV quando comercializavam com chineses, persas, árabes e europeus. As ruínas estão divididas em três regiões: Complexo da Colina, onde aconteciam os rituais, o Complexo do Vale e a Grande Muralha. Só a parede da *Great Enclosure* tem 11 metros de altura e até 5 de espessura! Dizem que é a maior ruína da África subsaariana, merecidamente listada como patrimônio da UNESCO desde 1986. Fiquei surpreso por ser o único visitante em todo aquele dia. Foi um misto de decepção pela falta de visitantes num lugar tão impressionante, e egoísmo, por me sentir o dono do lugar sozinho ali.

Rochas em Matobo Hills

Um pequeno museu com diversos artefatos e informações complementaram os conhecimentos do guia que eu havia contratado. Há uma bela coleção de pássaros de pedra que simbolizam seus diversos reis. No passado, esses pássaros de pedra ficavam exibidos no topo de colunas. Hoje, o desenho de um deles faz parte da bandeira nacional do Zimbábue. Aliás, o nome do país também foi uma homenagem a essa antiga civilização e significa A Grande Casa de Pedra.

Seria noite de lua cheia, uma daquelas superluas anunciadas. Já tinha me programado para percorrer novamente as ruínas somente com a luz do luar, mas uma forte neblina acabou com os meus planos. Apesar da atividade noturna não ter dado certo, não pude reclamar, foi uma noite bem-dormida.

Muitos estudiosos apontam a superpopulação e a falta de recursos naturais, aliados a questões ambientais, de ocasionarem o declínio desse grande império. O que se sabe com certeza é que com o declínio de Great Zimbabwe, floresceu outro reinado, o Khami, que seria a minha próxima parada.

Depois de uma caminhada e da dificuldade de achar transporte de volta para Masvingo, resolvi pegar carona mesmo. Não foi tão difícil. Os carros lotados não pararam, mas o primeiro com espaço, uma pick-up, parou e rapidamente me levou até o local de onde saía o ônibus para Bulawayo.

Era um transporte lento, parecia um ônibus municipal, mas era o que tinha. Bananas e marmitas com batata e frango eram oferecidas em cada uma das dezenas de paradas, portanto o almoço estava garantido. Foram horas para percorrer os 300 quilômetros de estrada, mas ainda

Great Enclosure, Great Zimbabwe

tive tempo, e disposição, para perambular pela agradável Bulawayo quando cheguei.

Em Bulawayo vi os primeiros brancos no Zimbábue. Um grupo bem eclético de turistas, daqueles que viajam nas empresas de caminhões *overland*, ocupavam cafés e lojas de um centro comercial onde fui fazer compras em um mercado. Pareciam mais à vontade com os muros e seguranças armados. No supermercado, alguns brancos do Zimbábue mesmo, mostrando que nem todos abandonaram a nação depois das desapropriações de terras realizadas pelo governo do Mugabe.

Hospedei-me numa pousada muito gostosa, um casarão num bairro bem tranquilo. Todos os quartos vazios, para desespero da proprietária, que no passado pagou os estudos dos filhos com a renda do turismo. Nada de internet e a falta de luz e água com certa frequência mostraram que o Zimbábue continuava com problemas. As moedas de dólar do Zimbábue cunhadas pelo governo já não são aceitas em todos os lugares. Com a falta de troco, os preços sobem e as notas de um dólar americano estão por todos os lados. Muitas delas se desfazendo de tanto circularem. Também percebi que faltava dinheiro, papel-moeda mesmo. Poucos caixas eletrônicos estavam fornecendo dólares e sempre com um valor bem restrito por saque. Por sorte eu havia lido sobre isso e me planejei levando o suficiente para minha estadia no país. O governo sinalizava que logo emitiria uma nova moeda, o que para parte da população causa temor de uma nova hiperinflação*.

As ruínas de Khami, também patrimônio da UNESCO, não ficam longe de Bulawayo, pouco mais de 25 quilômetros do centro. Depois da grandiosidade de Great Zimbabwe, temia que Khami não me impressionasse muito. E foi bom não ter grandes expectativas, pois fiquei encantado com as ruínas da capital do antigo Reino de Butua. Tanto a arquitetura quanto a forma de construção são diferentes de Great Zimbabwe. Gostei bastante da composição arquitetônica dos tijolos, dando um estilo especial para a decoração, além da disposição da cidade ao longo do rio.

Outro lugar muito legal perto de Bulawayo é o Parque Nacional Matobo, popularmente chamado de Matobo Hills. Deixei os animais de lado dessa vez e me foquei nas formações rochosas, cavernas e pinturas rupestres. O povo San deixou mais de 3 mil pinturas na região. Como são nômades, registravam a sua passagem deixando informações para quando voltassem ou para outro grupo que viesse depois deles. As pinturas, algumas com 2 mil anos, são muito bonitas e de diferentes estilos. A visita é muito prazerosa, além de estimulante por ter que ficar subindo e descendo as colinas e entrando nas cavernas em busca das pinturas.

Do topo das colinas há vistas incríveis, e os blocos de granito se equilibrando uns nos outros é algo impressionante! Foi outro ótimo programa que me surpreendeu bastante. As colinas de Matobo também estão listadas no patrimônio da UNESCO, mas não atraem muitos turistas. Aliás, no Zimbábue acho que estão concentrando o turismo apenas nas Cataratas Victória, o que é uma pena.

---

* Até a edição deste livro a nova moeda não foi criada. (N. do A.)

Tentei pegar o trem de Bulawayo para Harare, capital do país, mas não deu muito certo. O trem faz o trajeto três vezes por semana, mas quebrou e não tinha nenhuma estimativa de hora, ou data, para chegar. Acabei pegando um ônibus mesmo. A estrada era boa e o ônibus era excelente, portanto foi uma viagem bem tranquila. Tinha a esperança de na chegada conseguir achar um transporte para o Lago Kariba, no noroeste do país, divisa com a Zâmbia. Infelizmente toda a minha correria para atravessar Harare de uma rodoviária para outra foi em vão. Não havia nenhum transporte direto para Kariba, e passar a noite em outra cidade no meio do caminho não daria certo para mim, pois o meu retorno para o Brasil se aproximava.

Se faltou tempo para o Lago Kariba, sobrou para Harare. Uma cidade grande, mas bem pouco agressiva. Peguei lotações para cima e para baixo e me pareceu bastante segura, contrariando o imaginário sobre um país com tantos problemas. Não existem grandes atrações, mas sempre dá para inventar alguma coisa. Na parada Copacabana, é só atravessar o *Township* de Mabare e subir até o topo da colina de Kopje. Antigamente o chefe Zezuru observava as manadas de búfalos lá de cima. Hoje só é possível avistar a selva de pedras em que Harare se transformou.

Pinturas rupestres em Matobo Hills

Fui ao Mukuvisi Woodlands, um parque urbano onde é possível ver diversos animais selvagens, caminhei por todos os cantos da cidade, presenciei um culto de uma igreja africana numa praça e pude variar um pouco a comida, já que vinha comendo *sadza* em quase todas as refeições (uma espécie de polenta, um mingau pegajoso feito de farinha de mandioca ou milho).

Gostei bastante de viajar pelo Zimbábue. Viagem tranquila, sem muitos desafios, com atrações muito interessantes e pessoas prestativas. Tinha tudo para estar lotado de turistas, como já foi no passado, mas a situação política e econômica não ajudam muito. Uma pena.

Igreja de ritos africanos, Harare

Parte IV

3.867 km

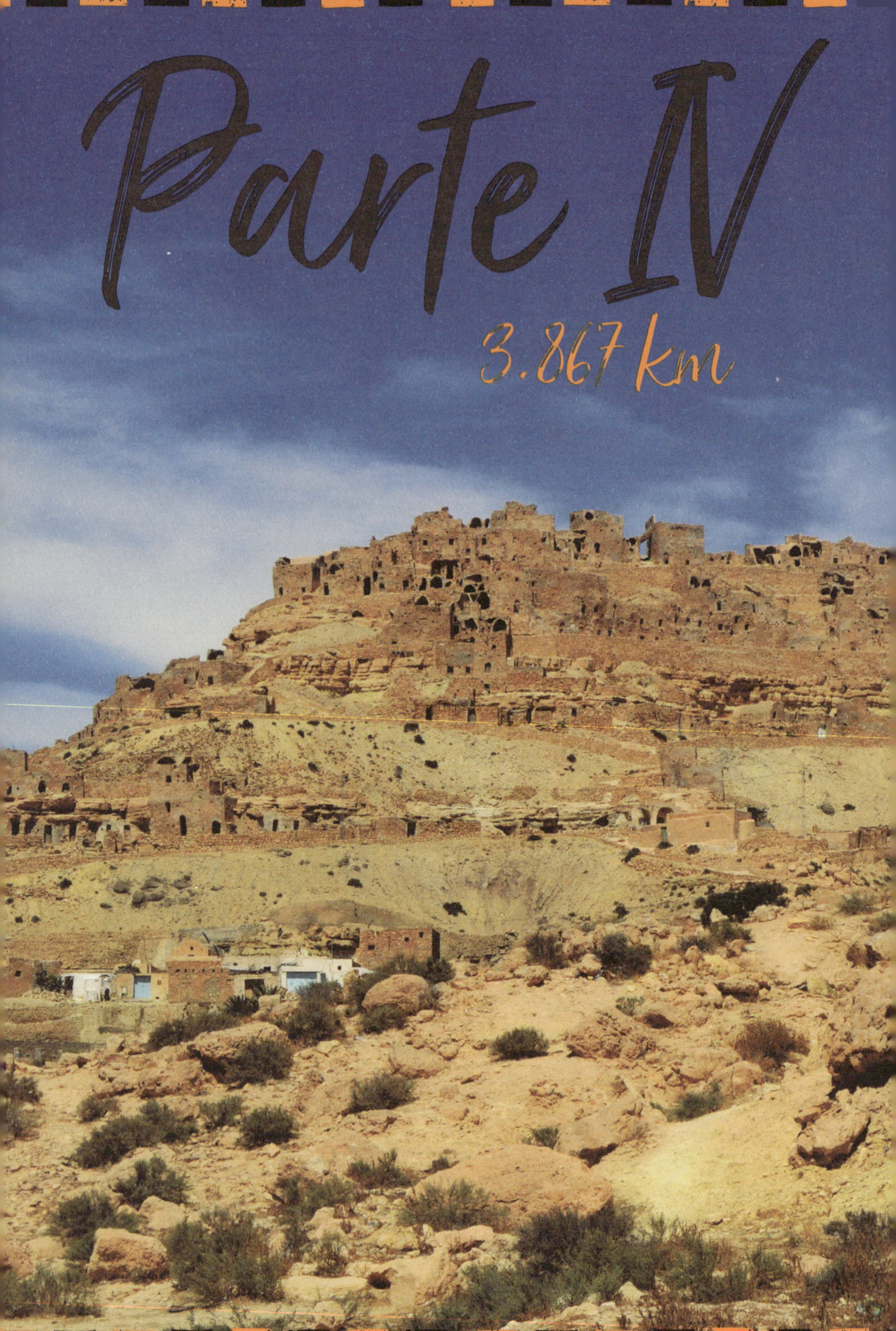

RL 1007 ط م
شنني
CHENENNI

Rota IV

TUNÍSIA
ÁFRICA

Argélia

Arco de Trajano em Timgad

CAPITAL ARGEL

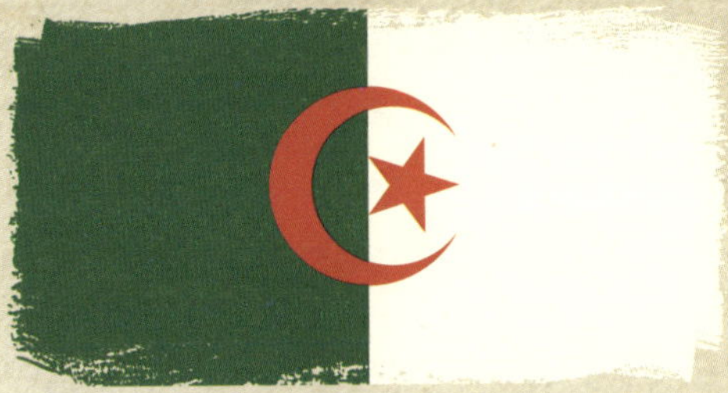

Nome oficial
República Argelina Democrática e Popular

Área
2.381.741 km² (10° maior do mundo, 28% da área do Brasil)

Forma de governo
República Semipresidencialista

Moeda
dinar argelino

População
43.378.027 (32ª maior do mundo, 20,7% da população do Brasil)

Idiomas
árabe, berbere e francês

Visto
emitido na embaixada em Brasília e enviado pelo correio

Produto Interno Bruto (PIB) *per capita*
US$ 4,238 (109ª posição)

Número de turistas/ano
2,4 milhões – Ranking Turismo – 76°

IDH
0,754 (85ª posição)

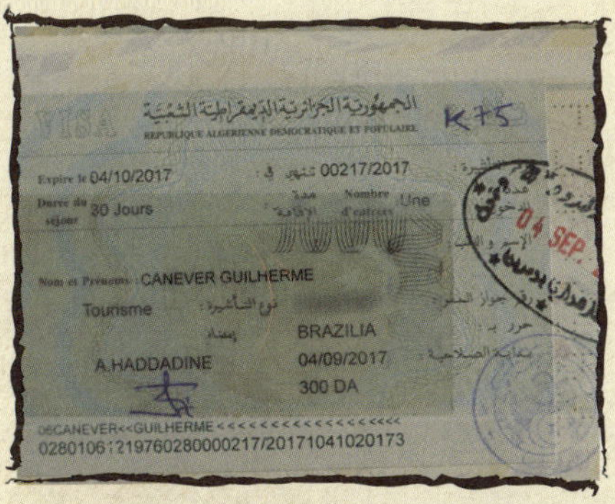

Para saber mais:

- **Filmes**: Homens e Deuses, direção de Xavier Beauvois

  Fora da Lei, direção de Rachid Bouchareb

  A Batalha de Argel, direção de Gillo Pontecorvo

- **Livros:** O Estrangeiro, de Albert Camus

UMA VIAGEM PELA ARGÉLIA

Mercado de Ghardaia

A Argélia não era uma novidade para mim. Desde muito pequeno escutava as histórias deste que é o maior país da África. Meu avô, Professor Bigarella, contava com brilho nos olhos sobre suas experiências na Argélia. Na década de 1960 ele havia sido chamado pelo recém-independente governo para prospectar petróleo. Como cientista, acabou se apaixonando mesmo pelo Saara Argelino, que considerava ser o lugar mais bonito do mundo. Podem dizer que é entusiasmo de geólogo, mas muitos que conhecem Tassili n´Ajjer ou as montanhas Hoggar hão de concordar.

Eu já havia viajado extensamente por países árabes e mais ainda pelo mundo islâmico. É normal que se tenha expectativas e se faça comparações. Talvez por isso a viagem pela Argélia tenha sido tão marcante. Foi completamente diferente do que eu imaginava. Esqueça referências como Marrocos e Tunísia, por exemplo. O Marrocos, uma monarquia alinhada com o Ocidente desde sempre, ao lado de uma Argélia revolucionária, que dependeu por tanto tempo da URSS, parecem água e vinho. A distinta colonização teve um papel importante no desenvolvimento da cultura e estrutura dos países. A Argélia foi ocupada pela França por mais de 130 anos, tempo significativamente superior ao da Tunísia, e mais que o dobro do Marrocos. A maneira como foram conquistadas e administradas também foi muito diferente. Tratados foram assinados com os governos do Marrocos e da Tunísia, transformando-os em uma espécie de protetorado. A Argélia perdeu seu território pela força, e não teve como reconquistá-lo a não ser pela guerra, uma brutal guerra de independência. A França administrava o território argelino como parte integral do território francês, a chamada Argélia Francesa. Semelhante ao que ocorre com a Guiana Francesa e a Polinésia Francesa hoje em dia. Porém, os argelinos tinham direitos diferentes naquela época. Os *pied-noir*, colonos de origem francesa, eram privilegiados em relação aos argelinos nativos. Inevitável que isso fosse questionado e reivindicado.

Sempre soube que a Argélia era uma sociedade conservadora. Talvez por isso tenha me surpreendido tanto ao ver mulheres sem nenhum tipo de *hijab* na minha chegada ao aeroporto de Argel. Longe de ser maioria, mas quando o casal de anfitriões que me hospedaria chegou para me buscar, notei que a mulher estava de saia e blusa sem mangas.

Mohamed é médico e Esma trabalha na Embaixada da França. Têm uma vida privilegiada e moram num condomínio de prédios recém-construídos em uma área nobre de Argel. Estavam ansiosos por me receber e mostrar todos os cantinhos da cidade. Eu fui tratado como rei e não podia perguntar sobre qualquer coisa que eles já se ofereciam para comprar para mim.

A capital é uma cidade espalhada em cima de colinas à beira do Mediterrâneo. Seu aspecto muda muito de um bairro para outro, com algumas regiões ricas e outras com prédios bem decadentes. O bairro Bab El Oued onde moravam os *pieds-noirs* mais pobres tem claras influências europeias. A maior parte deles saiu da Argélia após a independência. Uma parada obrigatória é a Basílica Notre Dame da África, belíssima por dentro e por fora. No altar, uma Nossa Senhora negra, assim como a Nossa Senhora Aparecida, padroeira do Brasil. Como em diversos pontos em Argel, possui uma ótima vista. Na maior parte das vezes nos locomovemos de carro, mas no centro era melhor andar pelo eficiente e surpreendentemente limpo sistema de metrô.

No fim de tarde, nada como admirar o Monumento dos Mártires, erguido em homenagem aos mortos na guerra de independência. Lembra um pouco a Catedral de Brasília, projetada pelo arquiteto Oscar Niemeyer. Aliás, o arquiteto brasileiro tinha uma forte ligação com o país. Ele projetou diversas obras na Argélia na época em que viveu no exílio, fugindo da ditadura militar brasileira.

O Monumento dos Mártires é imponente, pode ser avistado de diversos pontos da cidade. Mas a experiência de um entardecer lá é marcante não pelo monumento e pelo pequeno museu em si, mas pelas diversas famílias e crianças brincando nos arredores. Apesar de ser um monumento de guerra, o entorno certamente é de muita vida e alegria.

Um mês antes da minha viagem, havia publicado na internet um pedido de lugar para me hospedar através do aplicativo Couchsurfing. Quem conhece a ferramenta sabe que não é fácil receber uma resposta. Para minha surpresa recebi mais de 15 convites em poucos dias e logo tive que cancelar o pedido para não frustrar as pessoas. Estava muito bem hospedado com Mohamed, Esma e o pequeno Noah e não pretendia sair da casa deles. Resolvi fazer um encontro com todas as pessoas que haviam me oferecido hospedagem antes da minha chegada a Argel. O lugar escolhido foi a Casbah, a antiga cidade.

Pelo menos uma dezena deles compareceu. Bom para o relacionamento e para a segurança também. A decadente parte antiga da cidade, apesar de ser patrimônio da UNESCO, não é muito turística. Dizem que o local tornou-se lar de pequenos delinquentes e até ex-terroristas, que se escondem pelos labirintos formados pelas ruelas. Perigoso? Exige cuidados, mas com certeza muito mais seguro que áreas centrais de diversas grandes cidades brasileiras.

A Casbah fica numa colina que desce até o mar, onde casarões do estilo otomano estão escondidos atrás de portas decoradas. Existem diversos deles, Dar Mustafa Pasha, Palácio do Dey, Dar Aziza, Dar Hassan Pasha, cada um com suas peculiaridades. Mas pouco lembram as Medinas do Marrocos e da Tunísia. Na ocupação francesa não havia muito espaço para a cultura argelina, então Medinas e outros símbolos nacionais foram destruídos.

Muitas das construções da Casbah estão em péssimo estado de conservação. Há lixo jogado por todos os cantos e pichações com referência à guerra civil ainda não foram apagadas. Mas tem seu charme. Muito, eu diria. Tão marcante quanto os casarões, mesquitas e outras construções é o próprio dia a dia. O vai e vem dos moradores locais pelos intermináveis corredores, o artesão que mostra orgulhoso seus trabalhos em madeira ou o pedestre que para você na rua e compra um doce para

Sítio arqueológico de Hipona com catedral de St. Agostinho ao fundo, Annaba

você experimentar proporcionam momentos únicos. O final da caminhada morro abaixo parecia ter sido sincronizado com o chamado para rezar da mesquita Ketchaoua.

Quando chegou a hora de me despedir de Argel, ainda não havia gasto um centavo, nem com o bilhete do ônibus noturno em que iria viajar. Os presentes que ganhei faziam volume na minha pequena mochila, desde um cacho de tâmaras até um belo quadro.

Apesar da experiência positiva, estava apreensivo para chegar antes de o sol nascer em Batna sem ter trocado dinheiro ainda. Mas meu contato local, Zinou, me mandava mensagens com frequência, então fui ficando mais seguro.

O pai de Zinou trabalhava para o governo, mas estava desempregado. Muitas noites vendia *kebab* para ganhar dinheiro e estava prestes a inaugurar uma loja de artigos esportivos. Dava aula de artes marciais e já trabalhou com um pouco de tudo, de indústria a arquitetura. Morava em uma casa relativamente boa, apesar de bastante antiga. Depois da viagem eu estava louco para tomar um banho, mas descobri que estavam com problemas de fornecimento de água. Não que eu fosse morrer pela falta de banho, mas ele logo insistiu em me levar até um *hammam*, casa de banho. Nada do glamour das casas de banho tradicionais, onde existem ambientes amplos, pequenas piscinas e até pessoas para esfregar você e tirar a sujeira. Era um simples banheiro público, mas que cumpriu muito bem a função.

Com tempo livre, Zinou me levou para todos os cantos facilitando muito a minha locomoção. Se eu fosse conhecer tudo que queria de transporte público demoraria muito tempo pela grande irregularidade de ônibus para cidades menores. Seguimos por uma estrada com pouco movimento no sentido Biskra. Nosso objetivo era chegar a El Kantara, onde a estrada rasga um cânion com paredes de até 120 metros de altura; uma pequena abertura para a passagem de veículos. No fim do desfiladeiro, uma histórica ponte romana em forma de arco completa o cenário do importante oásis da antiga rota comercial. Os apelidos de Porta do Saara, ou Boca do Saara, são bem apropriados. Assim que a barreira natural é transposta, é possível sentir o Siroco, vento quente que sopra do Saara em direção ao Mar Mediterrâneo.

Passamos rapidamente por Biskra e depois fomos em direção a Chott Melrhir, o maior lago da Argélia. Sendo no deserto, o lago que é inteiramente abaixo do nível do mar depende de rios perenes para se manter e diminui consideravelmente de tamanho no verão. A temperatura beirava o insuportável. Ao redor do lago dava para ver diversos montes de sal, contrastando com as tonalidades das cores da água.

Retornamos para Batna por outra estrada. Nosso objetivo era fazer um *trekking* em Ghoufi, um cânion cheio de pequenas cidades fortificadas estrategicamente construídas nas curvas do rio quase seco que vai serpenteando entre os grandes paredões. Madraças e mesquitas se destacam entre as outras casas de barro e pedra, já em estado precário de conservação. Se a descida já foi uma aventura, e a caminhada exaustiva, tudo piorou quando despencou uma tempestade fora de época. Corremos para tentar nos abrigar, e o rio, que se enchia com a água que caía dos paredões do cânion, voltou a correr. Algumas cachoeiras de água barrenta se formaram e deram outra perspectiva para as curvas em forma de ferradura do Ghoufi.

Voltei para Batna exausto. Nunca valorizei tanto um banho em banheiro público, cobrado por minuto. A cidade foi excelente base para conhecer a região, mas também para aproveitar o dia a dia. Zinou era muito bem relacionado e sempre estávamos em companhia de alguns dos seus amigos. Tomar chá com nozes moídas nos finais de tarde e sair para jantar deixava o clima da cidade universitária ainda mais agradável.

Terraços de Ghoufi

Quem muitas vezes estava conosco era Mohamed. Vendedor de DVDs piratas de jogos de videogame, não pensava duas vezes antes de fechar a lojinha para passear. Além de fazer algumas refeições conosco, nos acompanhou para conhecer a cidade romana de Timgad, a mais impressionante de toda a Argélia.

Timgad foi fundada pelo imperador romano Trajano. Toda planejada, com sistema de captação e circulação de água subterrânea, biblioteca, um belo Arco do Triunfo, Templo de Júpiter e, não podia faltar, um amplo anfiteatro. Localizada na interseção de seis estradas, diziam que de lá era possível ir a qualquer lugar do mundo. Um lugar impressionante para quem gosta de História. Assustador foi que, no meio de toda aquela preciosidade, havia apenas outros dois argelinos visitando o local. Um potencial turístico absurdo, mas completamente renegado. Aquele sentimento antagônico que senti em tantas atrações no continente africano me tomou novamente. Se, por um lado é uma pena a falta de estímulo ao turismo no país, é uma delícia para quem tem a incrível cidade só para si.

Ainda perto de Batna, visitamos ruínas militares romanas em Lambaesis. Deveria tê-las visitado antes, pois parecem insignificantes perto da imponência de Timgrad. Outro lugar perto de Batna que valeu a visita, mas não achei tão impressionante, foi o Mausoléu do rei berbere Numida Medghcen. A construção, de 400 a.C, parece um vulcão feito de tijolos, mas infelizmente, está com a estrutura bastante comprometida.

A poucos quilômetros de Batna está Nova Batna. Uma cidade inteira que seria construída, mas nunca foi terminada por problemas econômicos. Alguns prédios e conjuntos habitacionais foram completamente abandonados pelo governo. Governo, aliás, que é muito impopular, mas visto como única opção. A insatisfação é impulsionada pela crise econômica de um país que depende quase que exclusivamente da exportação de gás natural e petróleo, taxados por preços internacionais. O valor do dinar argelino é sessenta por cento menor no mercado negro. Dizem que o próprio governo acaba especulando e se beneficiando com isso, na espera de uma alta do petróleo para restabelecer a economia.

Com tanta crise e insatisfação, foi impossível não perguntar por que a Argélia não teve uma Primavera Árabe. A resposta foi sempre a mesma: "Tivemos os anos 1990 negros, essa foi a nossa Primavera Árabe", referência à guerra civil argelina que durou uma década. Na época, logo após o colapso da URSS, o partido de oposição, Frente Islâmica de Salvação, ganhou as eleições. O governo não deixou que assumissem o poder, e a oposição se organizou para uma luta armada. Estima-se que 200 mil pessoas foram mortas, grande parte civis.

Depois de dias muito proveitosos, chegou a hora de me aventurar Saara adentro, pegando outro ônibus noturno. Na estação, Zinou encontrou mais um amigo que viajaria no mesmo ônibus que eu e pediu que ele tomasse conta de mim. O amigo ficou sempre por perto nas paradas, perguntando se eu precisava de alguma coisa e batendo um papo acabei descobrindo que eles se conheceram na prisão, onde passaram alguns meses juntos. A história que me contou foi que Zinou bateu em um oficial do exército, e por isso foi preso. Apesar da curiosidade, achei melhor não perguntar por que ele havia sido preso. Conversamos sobre outros assuntos mais leves da vida.

O vale de M'zab tem cinco cidades fortificadas, sendo Ghardaia, meu destino final, a principal delas. São muito distintas do restante do país e preservam arquitetura, cultura e até religião próprias. Mesmo os árabes têm dificuldade em se estabelecer por lá. Os Mozabites são berberes, praticam uma vertente do islamismo chamada ibadismo e têm um conjunto de leis bem específicas que regem a sociedade. Os árabes que vivem na região às vezes se revoltam. Conflitos são inevitáveis, causando muita dor de cabeça ao governo. A presença de soldados e caminhões estilo tropa de choque é visível em todo o vale, mas não presenciei nenhum conflito.

Mal tinha amanhecido e meu anfitrião, Kacen, já estava me esperando na rodoviária quando meu ônibus chegou. Um jovem cheio de ideias, bastante comunicativo, no entanto com o tempo mostrou-se um pouco superprotetor. Não escutava o que eu falava e queria decidir as coisas por mim, o que me causou certo incômodo. De qualquer maneira foi fundamental para a minha imersão na cultura mozabite/ibadista.

Cidade fortificada de Ghardaia – Vale M'zab

De família bem tradicional, sua mãe usava o *ahooly*, vestimenta da região onde as mulheres ficam apenas com um olho de fora. Em casa, nunca ficava no mesmo ambiente que eu. Quando eu chegava, avisavam antes para que ela fosse para os aposentos íntimos. Se ela precisasse passar, eu ficava trancado em um quartinho.

Nas ruas, eu observava as mulheres passando pelos estreitos corredores das cidades fortificadas. Muitas vezes se pareciam com fantasmas, isoladas, quase que flutuando com seus lençóis brancos entre as casas de tom avermelhado. Se normalmente estavam em pequeno número, tudo mudava quando o som do *azan* flutuava pelo ar, e todos se dirigiam às mesquitas.

As cidades no meio do deserto desenvolveram uma tecnologia própria para prosperar. Desde o tipo de pintura, que se assemelha à textura utilizada no Brasil, fazendo microssombras e evitando aquecer muito as casas, até os corredores estreitos que protegem do sol e canalizam o vento. Pequenas frestas no segundo andar são usadas como observatório, para verificar quem bate na porta sem ser visto.

A água nunca é desperdiçada, e ao lado dos poços crescem algumas árvores que absorvem sobras da água içada pelo balde. Burricos, meio de transporte local, sempre estão amarrados por ali para aproveitar a água que sobra. Algumas represas ao redor do oásis garantem o abastecimento de água da região, e é onde as crianças se banham para espantar o calor, transformando o local em um verdadeiro clube entre as milhares de tamareiras.

Conheci cada detalhe do vale, andei durante horas pelos mercados que ficam na base de cada cidade, logo após os grandiosos portões de entrada. Mesmo seguindo sempre em direção ao topo me perdia pelos corredores, mas quando chegava, apreciava a vista e a estrutura de cada cidade de cima da torre de observação.

Quando estamos sem pressa, sempre acabam acontecendo coisas interessantes. Fui convidado para um casamento e para um debate com um grupo de escoteiros. Eu não deixava de ser uma personalidade lá, e a curiosidade era mútua. Aproveitei o fácil contato com os militares que guardavam as cidades e questionei sobre a possibilidade de seguir deserto adentro, até as montanhas do parque nacional Tassili n'Ajjer. De imediato disseram que era impossível, que, como estrangeiro, seria mandado de volta para minha própria segurança. No máximo poderiam

Ruas estreitas do Casbah de Argel

me escoltar até Timimoun, região bonita do deserto, mas nem perto dos meus planos iniciais. Sabia que algumas regiões do extremo sul do país eram consideradas perigosas, mas sonhava que a situação tivesse mudado. Mesmo depois da anistia, alguns terroristas continuaram em atividade e até juraram lealdade à Al-Qaeda. Se ali era a linha de segurança, não tinha porque eu me arriscar mais de mil quilômetros ao sul. Para seguir viagem, não me restava alternativa a não ser retornar sentido ao Mar Mediterrâneo.

Na noite de despedida, saboreamos um cérebro de bode assado em um pequeno restaurante onde diversas pessoas pediram para tirar fotos comigo. Pediram e-mail, redes sociais e telefone, é claro. O mais curioso foi que nos dias seguintes já me ligavam, mesmo que a comunicação fosse péssima.

Depois do jantar, mais uma longa jornada noturna para Setif. Naim já estava me esperando para me levar até Djémila, onde se encontra outra ruína romana incrível, a antiga cidade de Cuicul, merecidamente listada como patrimônio da UNESCO. Os ônibus noturnos não são muito confortáveis, mas ótimos para viajar longas distâncias. Estava cansado, mas a prontidão e simpatia do meu novo amigo Naim fez com que nos entretivéssemos. Conversamos bastante até a hora de eu seguir viagem para Constantine em um táxi coletivo. Difícil foi explicar para ele que não teria mais tempo para conhecer Setif, me hospedar na sua casa e conhecer seus amigos. Confesso que cheguei a pensar em ir para um hotel, mas os convites não paravam de aparecer. Alguns eram do tipo, "você precisa conhecer o primo do amigo do meu vizinho que mora em Constantine". Eu estava aproveitando tanto a imersão cultural e as pessoas incríveis que cruzavam meu caminho que deixei as coisas acontecerem.

Constantine é uma cidade belíssima. Pendurada à beira de um penhasco, possui diversas pontes que lhe dão todo um charme. É uma cidade grande, a terceira maior do país, mas tem clima de interior. Até então vinha tomando muito chá, mas a cultura do café impera por ali e, servido em diversas *boulangeries*, faz qualquer passeio ser muito proveitoso. Foi bom para desacelerar e passar alguns dias mais calmos.

Mourad, meu guia local, entendeu meu desgaste e diminuímos o ritmo, ficando mais no bate-papo do que no turismo. Ao mencionar as obras de Oscar Niemeyer, não tive como fugir de uma passada na Universidade de Constantine, projeto assinado pelo arquiteto.

Novos convites surgiram, entre eles um para acampar próximo ao Mediterrâneo, em um parque nacional perto de Skikda. Eu adoraria, mas minha viagem pela Argélia já estava chegando ao fim. Um táxi coletivo

Mosaicos em Hipona

pela excelente estrada que corta o país de leste a oeste e eu cheguei à aconchegante Annaba, cidade calma, à beira do Mediterrâneo, onde me hospedei com os únicos argelinos que não passaram o tempo todo comigo. Tive tempo para conhecer a histórica ruína de Hipona, cidade fundada pelos fenícios no século XII a.C., mas depois conquistada por numídios e romanos.

Seu mais famoso morador foi Santo Agostinho de Hipona, um dos maiores filósofos do cristianismo. Se entre os viajantes sua célebre frase: "O mundo é um livro e quem não viaja lê apenas uma página" é muito conhecida, para os cristãos sua importância é muito maior. Mesmo depois de tanto tempo, suas produções teológicas estão no cerne da Igreja Católica, sendo ele um berbere norte-africano.

Não resta muito de Hipona, o lugar onde aconteceu o concílio que definiu quais livros foram inspirados por Deus e, portanto, fariam parte do Novo Testamento. Algumas colunas, ruas de pedras e restos de construções ao lado do pequeno museu com belos mosaicos. No alto de uma colina, como que cuidando de Hipona, está a imponente Basílica de Santo Agostinho. Sem nenhum tipo de transporte, e com o sol escaldante, foi uma árdua caminhada até chegar lá. Por sorte consegui uma carona de um argelino-americano na volta.

Como estava à beira do Mar Mediterrâneo, é óbvio que também aproveitei a praia e tomei banho de mar. A placa que indicava o nome da praia dizia: Amor. Eu sabia que se referia ao Califa Omar, mas para mim, o único significado que tinha era o meu sentimento por aquele país.

À noite discuti o dia a dia dos meus anfitriões, Salah e Kahina, ele cineasta e ela escritora, tomando duas garrafas de vinho argelino. Foi uma conversa enriquecedora e marcou minha despedida da Argélia.

Logo cedo estava num táxi coletivo em direção à Tunísia. Aproveitei a viagem e meus créditos do celular para mandar mensagens e ligar para mais de uma dezena de pessoas que fizeram desta uma viagem tão especial. Durante todo o período da viagem, não conseguia parar de pensar como não adianta somente ler e estudar sobre um país, porque a nossa capacidade imaginativa tem limites. É preciso experimentar. A Argélia talvez seja uma das maiores provas disso.

Tunisia

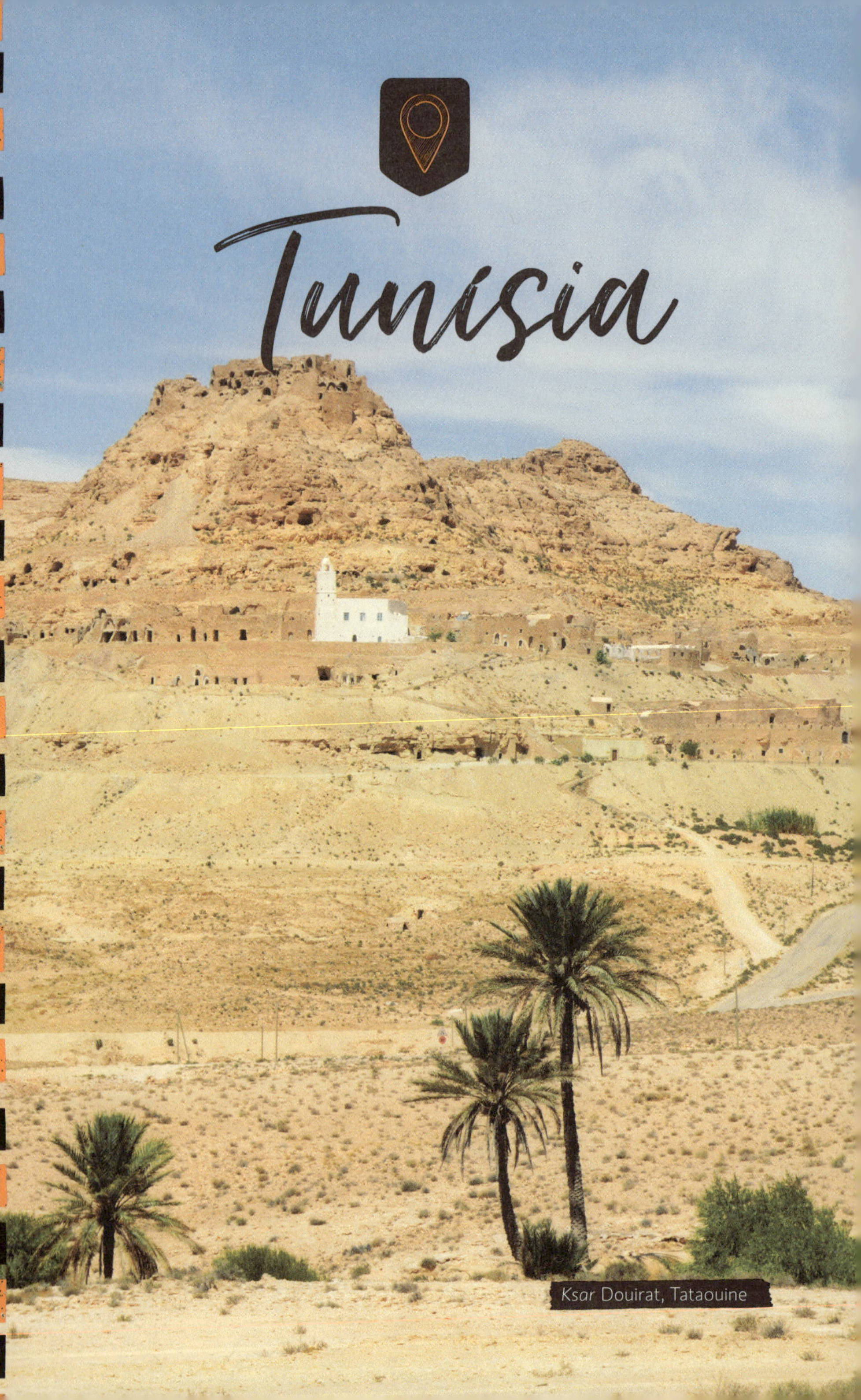

Ksar Douirat, Tataouine

CAPITAL TUNIS

Nome oficial
República Tunisina

Área
163.610 km^2 (91º maior do mundo, 1,9% da área do Brasil)

Forma de governo
República Presidencialista Unitária

Moeda
dinar tunisiano

População
1.434.906 (80ª maior do mundo, 5,4% da população do Brasil)

Idiomas
árabe, berbere e francês

Visto
brasileiros não precisam de visto

Produto Interno Bruto (PIB) *per capita*
US$ 3,423 (121ª posição)

Número de turistas/ano
7 milhões – Ranking Turismo – 40º

IDH
0,735 (95ª posiçao)

Para saber mais:

• **Filmes**: Assim que abro meus olhos, direção de Leyla Bouzid

Le Professeur, direção de Mahamoud Ben Mahmoud

• **Livros:** Carthage must be destroyed: The rise and fall of an Ancient Civilization, de Richard Miles

O QUE RESTOU DOS JASMINS?

Para muitos a chamada Revolução dos Jasmins foi o estopim do movimento que abalou o mundo árabe, a Primavera Árabe. Houve protestos violentos em Sidi Ifni no Marrocos e também no Saara Ocidental, que antecederam a Revolução dos Jasmins, mas não tiveram a capacidade de exportar a Revolução como aconteceu no caso tunisiano.

A Primavera Árabe trouxe diversas consequências para o mundo árabe: reformas, guerras civis, conflitos e derrubada de governos, mas em nenhum outro país a transição foi tão fácil e tranquila como na Tunísia. Em menos de um mês o governo já havia sido deposto e o ditador Ben Ali seguido para o exílio.

Além de questões estruturais e governamentais, uma das grandes mudanças sentidas no país foi a queda do turismo, muito importante para a economia tunisiana. Nada muito animador, já que grande parte dos protestos tinham foco em questões sociais e econômicas, além de liberdade, é claro.

Em 2015 os atentados no excelente Museu do Bardo, com 21 turistas mortos, e meses depois, num *resort* em Sousse com outros 39 mortos, praticamente decretaram o fim do antigo turismo em massa de europeus. Por outro lado, houve um aumento significativo de turistas russos e chineses, que junto com turistas de países vizinhos mantêm o perfil turístico do país. Atualmente, a Tunísia, pouco maior que o estado do Ceará, recebe um número de turistas maior que todo o Brasil.

Em minha opinião, de todo o continente africano, a Tunísia é o país mais fácil de explorar. É um país pequeno, com boa infraestrutura e grande facilidade de transporte. Um paraíso para quem busca tranquilidade à beira do Mar Mediterrâneo. Claro que oferece, e eu buscava, muito mais do que isso.

Cheguei de táxi coletivo vindo da Argélia e mesmo não tendo muito tempo para ficar no país, consegui percorrer grande parte do território. Inicialmente, viajaria para o extremo sul do Saara argelino, mas devido às dificuldades que tive, acabei optando por conhecer a Tunísia, país que não exige visto para brasileiros.

Ksar nos arredores de Tataouine

Meu primeiro contato com Túnis foi apenas uma ida à Medina e ao *souk*, o mercado local. Como voltaria para lá antes de ir embora, deixei outros lugares das redondezas para depois. Apesar dos excelentes *louages*, lotações com guichês próprios, lugares marcados e preços fixos, circularem para qualquer lugar, eu optei por viajar de trem quando possível. Foi assim que fui de Túnis até Gabes, o fim da linha, já bem ao sul do país.

Fiquei hospedado num hotel decadente, com bons preços, onde os belos azulejos do piso mostravam que já teve seus dias de glória. Ou algo parecido. Foi uma boa base para explorar a cidade, que não é muito turística. Foi interessante ver bares lotados de tunisianos bebendo bastante e escutando música alta não muito longe das mesquitas.

O contraste da tradição com a modernidade, religiosidade com laicidade, dão um nó na cabeça de qualquer um. Um país onde as feministas lutam pelo direito de usar *hijab*; o governo tenta aprovar leis europeias e divide a opinião pública. Uma democracia, relativamente bastante ocidentalizada, que exportou o maior número de integrantes *per capita* do grupo terrorista Estado Islâmico.

Muitas pessoas usam Gabes como base para conhecer a Ilha de Jerba, onde existem praias tranquilas e lugares interessantes como o bairro judeu e a comunidade Ibadi. Eu fui ainda mais ao sul, até Tataouine, explorar alguns belos *ksares* berberes, de arquitetura muito especial. Apesar do nome, mundialmente conhecido pelo filme Guerra nas Estrelas, a maioria das filmagens aconteceu mesmo em Matmata, não muito longe dali. Sob um calor absurdo, visitei diversos *ksares* menores, além dos impressionantes Douiret, Chenini e Ouled Soltane. Construídos no século XV, todos de pedra e situados no topo das colinas, são fortificações incríveis, onde existiram verdadeiras cidades berberes autossuficientes. Região desértica, não muito longe da fronteira com a Líbia, parecia abandonada, jogada às moscas. O acesso e locomoção entre eles é difícil caso não tenha transporte próprio, pois alguns ficam no meio do deserto, sem nenhuma cidade de apoio por perto. Não tive alternativa a não ser contratar um táxi para me levar até os mais isolados.

Os berberes são o povo nativo do Norte da África. Apesar de arabizados, ainda mantêm diversas tradições vivas. Talvez daí venha todo meu interesse em conhecer mais do seu passado, para entender o que era o norte do continente antes da chegada dos árabes.

Nunca imaginei que teria dificuldade para sair de Tataouine. Devido às férias escolares, o transporte estava escasso. Tive que pegar um ônibus de linha até Medenine, aliás, um ônibus articulado que muito lembrava o transporte público de Curitiba. Em Medenine acabou acontecendo uma situação muito curiosa. Na chegada, estava conversando com o motorista para entender como chegar até o ponto do ônibus que me levaria até Gabes quando fui abordado por um jovem tunisiano. Tratava-me como um velho conhecido. Mencionou que eu era brasileiro, o que achei estranho, mas lembrei do *patch* Couchsurfing Brasil na minha mochila. Seria um daqueles golpes com turistas? Como sempre, conversei com ele, mas atento e indagando como podia saber sobre mim. Quando tentou pronunciar meu nome e mencionou minha viagem pela Argélia, fiquei sem reação. Tudo se esclareceu quando descobri que ele havia se hospedado na casa de um amigo meu da Argélia. Havia chegado poucos dias depois de mim e meu anfitrião acabou mostrando algumas fotos minhas e contando da minha aventura por lá. Coincidência é pouco! Acabamos indo tomar um chá e logo veio o convite para ir dormir na casa dele. Nessa região também existem muitos *ksares* espalhados e ele me prometeu mostrar cada um deles. Uma amizade se formou rapidamente. Quando chegou a hora de me despedir, recebi dois quilos de saborosos doces locais para levar na viagem.

Mesquita das Três Portas, Al Qayrawan

Nova parada em Gabes. Passeei pela avenida Corniche dentre outros lugares, mas acabei repetindo mesmo a sequência de restaurantes, bares e a sacada do velho hotel para apreciar o fim de tarde.

Voltando para o norte, a cidade histórica de Sfax está a um pulo dali. Aliás, fora as viagens pelo deserto, tudo é muito perto, principalmente para quem acabara de chegar da Argélia, maior país da África. Uma bonita e autêntica Casbah. Gostoso de passear e sentar para ver a vida passar. A estrada que passa pelos vilarejos do litoral era tentadora, mas pela manhã optei por pegar o trem novamente até Sousse, com parada estratégica de algumas horas em El Jem, onde existe um incrivelmente bem preservado anfiteatro romano, patrimônio da UNESCO. A antiga cidade de Tisdro possuía três anfiteatros. O único que se manteve em pé foi construído no século III e comportava 30 mil pessoas. Um verdadeiro Coliseu em solo africano, mas olhando do centro de El Jem, com ruas cheias de lojinhas, vendedores e até dromedários, mostra um ambiente bem diferente do seu primo famoso de Roma. Tomei café numa das mesas da calçada tomada por senhores tunisianos. Observar todo esse caos com o Coliseu atrás é algo indescritível. Para os fãs de mosaicos, uma parada no Museu Arqueológico de El Jem é obrigatória. Bom para desacelerar e fugir do calor também.

A experiência em Sousse, também patrimônio da UNESCO, não foi tão marcante. Caminhar entre os barcos de pescadores é legal, mas os chamados dos vendedores em diversas línguas, tentando adivinhar sua nacionalidade ao caminhar pelo *souk*, quebra um pouco o clima. As hordas de turistas russos, que também estavam em El Jem, tampouco ajudaram. Acabei pegando um *louage*, micro-ônibus, antes do que imaginara com destino a Al-Qairawãn, a cidade mais sagrada do país. Também patrimônio da UNESCO, fundada em 670, sempre foi um importantíssimo centro de estudos religiosos, onde existem diversas madraças. No século IX, a cidade rivalizava com outros grandes centros de estudo como Bagdá. A Bayt al-Hikmah, Casa da Sabedoria, recebia estudantes de diversos lugares do mundo islâmico para estudar medicina, astronomia e engenharia entre outras ciências.

A mesquita principal, Jami' Uqba, é a mais antiga da parte ocidental do império árabe. Outras menores, como a mesquita das três portas, com a fachada toda decorada e esculpida, são uma grata surpresa nas caminhadas entre corredores estreitos, portas azuis e pequenas lojas com quinquilharias e tapetes expostos.

A Medina fica lotada de mulheres passeando e fazendo compras enquanto os homens sentam na frente do portão principal para tomar chá e bater papo quando a tarde chega ao fim. Era quase hora de voltar para casa. Retornei a Túnis. Um trem urbano, o TGM, leva até a histórica Cartago, outro patrimônio da UNESCO. Um dos pontos comerciais mais importantes da antiguidade, a cidade fenícia liderou várias batalhas contra o Império Romano. As ruínas não estão centralizadas e exigem boas caminhadas entre elas. Ficam no topo das colinas Byrsa, subúrbio da elite econômica tunisiana, inclusive não muito longe do palácio presidencial. Um pouco mais ao norte está o bairro mais descolado da região, Sidi Bou Said.

Carros e cabelos da moda lotam cafés e restaurantes da região. No calçadão que leva até o topo da colina, os locais se misturam com os turistas, que também não são poucos, principalmente perto do pôr do sol. Um ponto de onde pode-se observar toda a baía com uma marina lá em baixo é muito disputado para fotografias. Não menos disputadas são as dezenas de portas e janelas azuis e brancas, que apesar do movimento, dão um ar especial para o lugar.

Anfiteatro de El Jem

Caminhar por uma região tão privilegiada faz quase esquecer algumas das principais reivindicações dos jovens tunisianos em 2010. Mas talvez seja justamente o privilégio de alguns que contraste com o desemprego de tantos outros tunisianos, alguns sendo jovens com bom nível de educação. Pode ser a faísca inicial.

Sítio arqueológico de Cartago

Parte V

2.872 km

Rota V

MALI
GUINÉ
BURKINA FASO
COSTA DO MARFIM
LIBÉRIA
ÁFRICA

Serra Leoa

Praia Rio Número 2, Freetown

CAPITAL FREETOWN

Nome oficial
República da Serra Leoa

Área
71.740 km² (117º maior do mundo, 0,8% da área do Brasil)

Forma de governo
República Presidencialista

Moeda
leone

População
7.883.123 (100ª maior do mundo, 3,8% da população do Brasil)

Idiomas
inglês, krio, mende, temne, sosso, maninkas dentre outros

Visto
visto eletrônico que pode ser obtido no site https://www.visitsierraleone.org/online-visa/ e retirado nas fronteiras terrestres ou aeroporto.

Produto Interno Bruto (PIB) *per capita*
US$ 516 (179ª posição)

Número de turistas/ano
54 mil – Ranking Turismo 177º

IDH
0,419 (184ª posição)

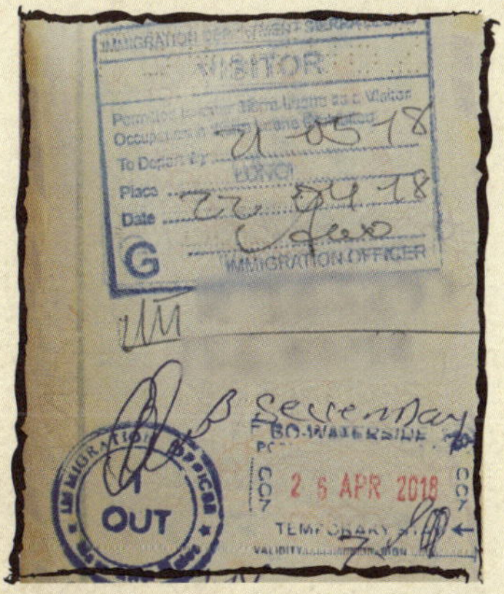

Para saber mais:

- **Filmes**: Diamante de Sangue, direção de Edward Zwick

Affliction – O Ebola na África Ocidental, direção de Peter Casare

Sierra Leone's Refugee All Star, direção de Banker White

- **Livros**: Muito longe de casa, de Ishmael Beah

DIAMANTE BRUTO

Atendentes no restaurante em Tokeh

Mesmo sem representação diplomática no Brasil, conseguir o visto para Serra Leoa foi mais fácil do que eu imaginava. Com o novo sistema de visto eletrônico, um dia após a minha solicitação recebi por e-mail a autorização de entrada. Chegar ao país não é tarefa das mais simples. Mesmo sendo um dos países do continente africano mais perto do Brasil, cerca de 3.000 quilômetros em linha reta, não existem voos para regiões próximas. Tive que voar até a Holanda para, de lá, pegar outro voo para Serra Leoa.

A maior parte dos passageiros era formada por europeus, mas não necessariamente turistas. Eram funcionários de ONGs, ajuda humanitária e missões religiosas. Também havia alguns passageiros voltando para visitar parentes e outros viajando a negócios, mas para turismo mesmo, aparentemente eram poucos.

Depois de uma longa jornada, chegar tarde da noite em um destino não é muito recomendado, mas eu não tive outra opção. O processo de imigração foi rápido e ainda no aeroporto troquei dólares americanos pela moeda local, o leone. Já estava viajando a mais de 24 horas, mas ainda tinha um deslocamento a fazer. Comprei bilhete de ônibus combinado com o *ferry*, que atravessaria o rio Serra Leoa, para finalmente chegar a Freetown, capital do país.

Enquanto aguardava a partida, comprei um *chip* de celular local. Procedimento muito rápido, em que o vendedor ambulante faz todo o cadastro no aplicativo do seu celular, tira foto do passaporte e a sua. Em poucos minutos está tudo funcionando.

Nos bancos do ônibus havia propaganda de condomínios de luxo em mandarim. Foi um trajeto rápido até o píer de onde saem as embarcações, mas lá houve certa demora, programada para que se consuma alimentos e bebidas nos pequenos restaurantes. Novos anúncios em mandarim mostravam que os chineses estavam investindo pesado na região.

A lancha rápida demora cerca de 40 minutos para fazer a travessia. Balançava bastante e o compartimento fechado e o cansaço já me causavam um grande desconforto. Ao chegar, dezenas de pessoas aguardavam os passageiros na saída do pequeno terminal. Por sorte, não demorei a identificar o meu anfitrião, Alusine, que eu havia conhecido na internet através do site de hospedagem Couchsurfing.

Devido ao horário, ele tinha contratado um taxista, que na verdade era vizinho dele, para nos levar até sua casa. Antes, demos uma passada na praia de Lumley, perto de Aberdeen, região descolada da cidade. Como era fim de semana, os bares e clubes estavam lotados de pessoas arrumadas e carrões desfilando pelas ruas. A primeira impressão foi que existe uma elite rica, que gosta de ostentar. Havia alguns expatriados no meio desse fervo todo, mas a maioria das pessoas definitivamente era de Serra Leoa ou dos países vizinhos.

Na região central da cidade, passamos por bares mais simples, mas nem por isso menos agitados. Jovens tomavam conta das ruas, bebendo e curtindo música. Engarrafamentos se formavam por causa da quantidade de pedestres atravessando a rua e o trânsito era muito lento. A iluminação pública não é das melhores, então o breu dava um clima diferente para o lugar. Foi uma boa primeira impressão encontrar tantos jovens se divertindo. Um grande contraste com a história recente de Serra Leoa, em que milhares de soldados-criança lutaram na guerra civil.

Alusine morava num subúrbio, Calaba Town, bem afastado do centro. Ao chegarmos, nos despedimos do amigo taxista e pegamos um mototáxi para subir o morro. No pé do morro muito movimento e pessoas na rua. A iluminação, que já era precária no centro, agora parecia inexistente. A única luz vinha das velas ou tochas que iluminavam as barraquinhas de comida e outros vendedores ambulantes. Já no início da subida veio a calmaria, junto com uma escuridão total. Só o farol da moto iluminando as esburacadas ruas de terra.

Éramos três pessoas na motocicleta e quase caímos quando a moto patinou na terra solta em uma subida forte e tivemos que subir a pé em alguns trechos. Uma vista impressionante do centro, que agora parecia todo iluminado, enquanto ali a escuridão era total. Às vezes falta energia, mas melhorou muito recentemente, comentou meu anfitrião.

Uma casa relativamente boa, pelo menos para o padrão da vizinhança. Hospedaram-me em um quarto só para mim, muito bom se não fosse pelo calor absurdo. O ventilador não funcionava devido à falta de eletricidade. Mesmo cansado, tive certa dificuldade para dormir. Sentia-me grudento e o ar era pesado.

Pela manhã, após um bom banho de balde, fomos tomar café da manhã na laje. Enquanto esquentavam o chá, eles me mostraram uma pequena biblioteca que organizavam para toda a comunidade poder ler. Omar, cunhado do Alusine, era muçulmano, da etnia Mende. Era casado com Amie, cristã, da etnia Temne. A família era um retrato da sociedade serra-leonesa, onde existe uma grande tolerância etno-religiosa.

Depois de uma longa conversa, começamos a falar sobre educação e ele passou a me mostrar as provas da universidade onde lecionava História e Estudos Africanos. A Universidade de Serra Leoa, Fourah Bay College, foi fundada em 1827, mais de 85 anos antes da primeira universidade brasileira, a Universidade Federal do Paraná.

Conversamos muito num bate-papo enriquecedor, mas era hora de ir para o centro de Freetown. Antes de conhecer a cidade, eu tinha uma missão: tirar o visto para a Libéria. Chegar ao centro não é tarefa fácil. Demora pelo menos uma hora e meia pegando três transportes diferentes. Tivemos sorte porque no pé do morro passou uma conhecida do Alusine. Ela estava numa SUV nova, com seu próprio motorista. Depois perguntei para ele como ela podia comprar um carro desses morando numa comunidade tão modesta. Segundo ele, foi o namorado que deu de presente e como ela não sabe dirigir, ele paga o motorista também.

O que eu sei é que ganhamos carona e acabamos chegando bem mais rápido, apesar do trânsito caótico. Não havia ninguém na fila da Embaixada e fomos atendidos prontamente. Preenchi o formulário e paguei a taxa, achando tudo fácil demais, quando a senhora que me atendia disse que eu poderia voltar em cinco dias. Tentei conversar, explicar que não poderia esperar tanto tempo, mas não teve jeito. Para conseguir o visto para o dia seguinte só pagando taxa extra de Visto Express. Fiquei me perguntando por que tanta demora mesmo sem ter movimento algum, mas acabei me rendendo à falta de expressão no rosto da funcionária mesmo depois dos meus insistentes pedidos de "por favor".

Não foi barato, mas a garantia de ter o visto para o próximo país me deu bastante tranquilidade. Fomos passear na praia de Lumley, não muito longe dali, e depois fomos comer alguma coisa no centro da cidade em um restaurante simples, de comida caseira e barata, mas praticamente sem variedade. Todos os pratos eram de arroz e um tipo de carne, coberto com molho de amendoim. O gosto do amendoim era tão forte, e a porção da carne tão pequena, que tudo parecia ter o mesmo gosto. Foi bom para fugir do sol forte antes de explorar a região central da cidade.

O ponto zero da cidade fica nos arredores da Árvore Algodoeiro. Foi lá que os primeiros escravos libertos se estabeleceram quando vieram da Inglaterra. Depois que proibiu o tráfico de escravos, a Inglaterra se sentiu incomodada com o aumento de negros que passaram a viver em Londres. Logo decidiram criar uma colônia para onde enviar os ex-escravos e outras pessoas indesejadas, longe dos olhos da sociedade londrina.

A colonização não foi tarefa fácil. Já existiam povos na região e a temporada de chuvas estava para começar. Muitos morreram já nas primeiras semanas e outros ao longo dos meses seguintes de malária e doenças tropicais. Os britânicos insistiram, e trouxeram escravos apreendidos em navios negreiros. Todos esses povos, de diversas origens e línguas passaram a se comunicar em krio, uma língua que surgiu misturando o inglês com diversas línguas africanas. Surgia assim uma nova etnia, os Krios, povo urbano, apoiado pelos ingleses, que passou a ser a elite social e econômica desde então.

Andar no centro de Freetown, capital de um país majoritariamente muçulmano, mostra que as igrejas, de diversos estilos e congregações, são muito mais comuns que as mesquitas. A Metodista St John's Maroon Church é uma das primeiras do país, construída em 1822.

Visitei um pequeno museu, o parlamento e a torre do relógio, mas o mais interessante foi andar sem rumo mesmo. Pegamos uma lotação até o subúrbio e fizemos uma pausa no pé do morro para meu amigo cortar o cabelo. Aproveitei para caminhar um pouco pela área mais comercial da comunidade antes de pegar a motocicleta para voltar para casa. No caminho uma corda atravessava a rua. Era o pedágio local. Não deixavam que uma motocicleta vinda de fora da comunidade subisse. Também argumentavam que não poderíamos subir três pessoas na mesma motocicleta. Na ausência do Estado, quem organiza tudo são os moradores. Isso pode parecer bom, pois as assembleias decidem e tomam ações importantes para o desenvolvimento da região. Mesmo falhando muitas vezes ao dia, já existe até eletricidade.

O problema é que alguns grupos se fortalecem e se tornam pequenas milícias. Pouco do dinheiro arrecadado no pedágio chega à manutenção da rua, me confidenciou Alusine. A mesma corrupção do Estado era praticada pelo cidadão comum, ou vice-versa. Depois desse dia, sempre tentamos evitar os pedágios passando por pequenas vielas. Às vezes dava certo, em outras nos paravam ou saiam correndo atrás de nós jogando pedras.

Enquanto descansava fiquei conversando com Omar e mais alguns vizinhos. Discutíamos as dificuldades do passado colonial da África e as possibilidades de futuro. Claro que o fator China chegou à conversa. A parceria com os chineses sempre dividiu opiniões. Para alguns é o sonho da infraestrutura chegando, para outros, não deixa de ser um mero neocolonialismo. Quando abandonei a conversa a maioria já estava chegando à conclusão de que havia um pouco de cada, mas alguns mais exaltados relutavam em concordar.

Subi o morro até o topo, onde um novo loteamento estava previsto. Chamavam a região de África do Sul. Diziam que o nome era em referência ao lugar mais distante da África. Lá faz até frio, me confidenciaram. De um lado a paisagem da Baía Tagrin e o centro de Freetown, formado basicamente por construções baixas. Do outro, o sol se pondo entre as Tingui Hills e outras colinas.

Conversamos um pouco sobre a invasão dos rebeldes a Freetown, que se deu por essas colinas. Os jovens que estavam comigo pouco se lembravam desse período cinzento e assustador da guerra civil. Na primeira oportunidade que tiveram mudaram de assunto. Eu respeitei, é claro. O cotidiano deles era outro e as lutas também. Fazia muito mais sentido discutir as eleições que aconteceram poucas semanas antes do que um triste conflito que para eles estava enterrado.

Voltamos para casa quando já estava escuro. A eletricidade funcionou por poucas horas e o cheiro de querosene das lamparinas se mantinha no ambiente. Ignorei que o mosquiteiro estava todo furado e dormi de janela aberta, afinal de contas o período das chuvas não tinha chegado, portanto o risco de malária seria muito baixo. Sábia decisão. Tive uma excelente noite de sono. Só não foi mais longa porque os galos da redondeza insistiram em cantar antes do meu despertador.

Não nos prolongamos muito no café da manhã para seguir a epopeia dos transportes até a Embaixada da Libéria. Peguei meu passaporte com o visto e trocamos outras duas vezes de transporte até finalmente seguirmos viagem pela península até a famosa praia Rio Número 2.

Apontada por muitos como a praia mais bonita do oeste africano, ela definitivamente faz jus à fama. Um rio serpenteando corta a fina areia branca até desaguar no mar azul-esverdeado. Barcos coloridos e vegetação exuberante completam o cenário. Os preços dos quiosques e do aluguel de cadeiras de praia é que não eram nada convidativos, inflacionados pela presença de expatriados nos fins de semana. Decidi fazer uma caminhada antes que o sol ficasse forte demais. São poucos quilômetros até Tokeh, outra praia encantadora.

Barqueiro na Ilha Tiwai

No caminho havia um pequeno *camping* e uma ou outra casa para alugar. Ao me verem, crianças que derrubavam cocos correram pedindo para eu tirar fotografias. Caminhamos juntos até o antigo píer de madeira, início da praia Tokeh. No meio do nada surge um hotel com um *beach club* todo descolado, chamado *The Place*. Alguns expatriados e locais endinheirados bebiam e comiam à sombra de grandes guarda-sóis, que já se faziam bem necessários.

Seguimos por mais 200 metros, onde havia uma vila de pescadores e a praia estava agitada por causa da chegada dos barcos carregados com peixes. As mulheres com suas roupas coloridas separavam os peixes por tamanho e os homens negociavam o preço. Alguns mais jovens carregavam as redes e se preparavam para fazer alguns reparos. Aproximei-me tentando negociar um peixe e buscando alguém que pudesse assá-lo. Primeiro apontaram para a direção de onde tínhamos vindo, falando que lá havia restaurantes. Depois se propuseram a fazer lagosta, caranguejo, camarão e peixe, um verdadeiro banquete.

Quase fui seduzido, mas acabaria sendo muita comida e um pouco caro para somente duas pessoas. Sem contar a sensação de preparado para turista que sempre me incomoda um pouco. Perguntamos por um restaurante local e um jovem prontamente se ofereceu para nos levar lá. Uma casinha de sapé com chão de areia, uma só mesa com dois bancos longos ao lado. A cozinheira preparava o peixe ensopado com arroz enquanto seus três filhos faziam o restaurante acontecer. Buscavam mantimentos, limpavam a mesa, lavavam pratos, serviam e cobravam os clientes.

Tinham um olhar sério, preocupados com a eficiência do trabalho. Notaram que eu os observava e deixaram um sorriso escapar. Mas foram crianças mesmo apenas quando eu pedi para tirar uma foto. Divertiram-se e fizeram poses, até que a mãe olhou com uma cara de "agora chega" e eles voltaram para a rotina.

Era uma comunidade Temne, com uma sociedade secreta chamada Poro, que eu estava louco para conhecer. Numa sociedade secreta de verdade, não se chega perguntando e descobre tudo a respeito. Escutei algumas informações vagas, outras pessoas desconversaram e acabei levando a minha curiosidade comigo.

Voltei para a praia Rio Número 2, tomei banho de mar e aproveitei para relaxar. Cogitava seguir a península até Bureh, vilarejo com boas ondas para o surfe. Seria também o ponto de partida para tentar chegar à

Estrada para a Libéria

paradisíaca Ilha Banana. Mas fui desaconselhado. A estrada é terrível. O ideal é dar a volta pelo outro lado da península. Além disso, barcos para a Ilha Banana, só se forem fretados, o que seria proibitivo financeiramente para alguém viajando sozinho.

Na volta para Freetown, a motocicleta que nos levaria até a estrada fez um caminho diferente. Passamos na frente de uma pedreira. Crianças maiores estavam sentadas quebrando as pedras, enquanto as mais novas as empilhavam e separavam por tamanhos em cima de pequenas cestas de palha. Todas completamente cobertas de pó branco trabalhavam como robôs, vagarosamente, mas sem parar. Aquele sorriso que eu trazia no rosto depois de um dia incrível desapareceu rapidamente. Meu amigo tentou me consolar, "pelo menos têm trabalho", disse, mas também se manteve em silêncio por todo o trajeto até Freetown.

Era minha última noite na cidade. Decidi agradecer ao meu anfitrião. Perguntei onde ele gostaria de jantar. Ele escolheu um restaurante onde toca a banda Refugee All Stars, que ficou mundialmente famosa pela trilha sonora do filme "Diamante de Sangue". Infelizmente era início de semana e estava fechado. Fomos para outro clube bacana de frente para a praia. Não é das minhas atividades preferidas nas minhas viagens, mas a alegria dele me contagiou. Não estava tão movimentado como no fim de semana, mas deu para ver como a vida noturna faz parte da rotina de Freetown. Jantamos bem e tomamos umas cervejas antes de voltar para casa.

Meu tempo em Freetown havia se esgotado. Logo cedo peguei uma moto até a base do morro e outra até um entroncamento de onde parte transporte para o sudeste do país. Foram poucas horas de viagem até Bo, a maior parte delas por uma estrada relativamente boa. No fim do trajeto fomos surpreendidos por um pneu furado, mas nada que não pudesse ser contornado. Chegando à cidade, comi na estação de transporte mesmo e saí para ver o comércio de diamantes. Diversas lojas, mas nada que chamasse muita atenção. De tanto caminhar, já tinha me afastado um pouco do centro. Decidi procurar o local da extração dos diamantes antes mesmo de ir para o hotel. Parei um mototáxi e tentei explicar o que queria. Ele sinalizou que havia entendido e poucos quilômetros adiante já vi trabalhadores com pás e peneiras grandes. No rio, caixas de madeira rudimentares formavam verdadeiras engenhocas. Enquanto a extração de diamantes em diversos lugares do mundo acontece em minas, em Serra Leoa ela é a céu aberto, às margens do rio. Trabalho braçal, completamente artesanal. O mecanismo mais sofisticado que vi foram grandes mangueiras impulsionadas por uma bomba.

Sinalizei para o motorista parar. Desci o barranco até mais próximo do rio. Observei um pouco. Tirei a máquina fotográfica da mochila e comecei a fotografar. De repente escuto uma gritaria. Guardo a máquina assustado e vejo algumas pessoas correndo em minha direção. Fui em direção à moto, porém, antes de sairmos nos alcançaram. Não consegui entender muita coisa, mas deu para perceber que estavam furiosos. Queriam me levar e dispensar o motorista. Eu negava e me recusava a pagar para ele poder ir embora. A confusão estava formada. Queriam me segurar, mas eu não deixava e apontava mostrando que não havia para onde correr.

Um libanês chegou numa caminhonete. De bigode, gordo, com a camisa toda amassada e suada. Os libaneses estão em Serra Leoa há muito tempo, falam a língua local, estão bem estabelecidos e são donos de diversos negócios. Mas a comunicação não estava fácil nessa ocasião. Talvez ele entendesse se o pessoal parasse de gritar ou pelo menos falasse um de cada vez. Ele pediu rudemente a minha máquina. Eu neguei. Eles vieram para cima de mim e eu disse que apagaria as fotos, no entanto não daria a máquina. O libanês resmungou algo indecifrável e pareceu concordar. Olhou as fotos comigo e certificou-se que todas foram apagadas. Com o tempo tudo foi se acalmando. Pelo que entendi, ele estava com sua licença de exploração vencida e muitos dos seus funcionários são de países vizinhos, trabalhando de forma ilegal. Quando vi que estava livre, não quis prolongar muito a conversa. No caminho até Bo eu tremia tanto que quase desequilibrava a motocicleta quando ela fazia curvas para desviar de buracos. A tensão foi tão grande que até desisti de me hospedar em Bo e segui viagem.

Bo, Kano e Kenema, são os distritos que mais têm diamantes em Serra Leoa, um dos grandes produtores mundiais dessa pedra preciosa e que tem tudo para ser um país extremamente rico. O problema é que o produto é pequeno, de altíssimo valor e facilmente contrabandeado. Os diamantes foram a principal causa da guerra civil do país e as primeiras regiões a serem controladas pelos rebeldes foram as que tinham as pedras. Brutalidade, estupros e amputações eram práticas para afastar a população local dos campos de diamantes.

Os anos de guerra civil acabaram, mas nem por isso a região prosperou. A história se repete, e nos arredores de regiões riquíssimas, formam-se bolsões de pobreza e muita desigualdade. A especulação do valor dos diamantes no mercado internacional não ajuda em nada. Os vendedores finais chegam a armazenar as gemas para não derrubar o preço no mercado.

Eu estava cansado para encarar mais algumas horas dentro de um carro superlotado até Potoru, mas a sensação que tinha era somente de alívio. Quando me dei conta, já estava no pequeno vilarejo ao longo de uma estrada empoeirada. Não era propriamente um lugar para descansar. Procurei em vão um lugar para dormir enquanto jovens curiosos me cercavam para saber mais sobre mim. Poderia ficar na casa de um deles, mas acabei negociando para um rapaz me levar até o rio Moa, cerca de 20 quilômetros dali.

O trajeto é por uma pequena estrada que logo fica tão estreita quanto uma trilha, no meio de uma floresta tropical em estado bruto. Percebi que nos aproximávamos do destino final quando tivemos que desviar de mulheres com roupas coloridas e cestos na cabeça. O ruído da moto vinha mascarando a música da floresta, que no entardecer já parecia uma verdadeira sinfonia, com pássaros, sapos, macacos e outros incontáveis barulhinhos. Formavam uma orquestra da natureza, onde os sons se alternavam e às vezes aumentavam e tocavam juntos, quase como um *grand finale*.

Algumas casinhas simples com telhado de palha e tudo muito parado na pequena Kambama. Ao perceberem minha chegada, algumas pessoas vieram me recepcionar. Um senhor organizou a travessia do rio até a Ilha Tiwai, onde pude finalmente ter meu merecido descanso.

A Ilha Tiwai, a oeste da reserva de Gola, é uma das últimas regiões remanescentes de floresta tropical de Serra Leoa. Durante a guerra civil, a caça era uma das únicas maneiras de conseguir alimento, portanto a vida selvagem foi muito afetada em todo o país. Esse local é exceção. Na pequena Tiwai é possível encontrar uma das maiores concentrações de primatas do mundo. A ilha tem um pequeno centro de visitantes onde é possível se hospedar nos decadentes alojamentos dos pesquisadores ou nas barracas que já ficam armadas sobre plataformas, com cobertura.

Os curiosos macacos Colobous vieram me recepcionar já na chegada. Tanto os pretos e brancos como os avermelhados estão por todos os lados. No tempo que passei na ilha bem que busquei as famílias de chimpanzés que vivem por ali, mas não as encontrei. Ao ver minha ansiedade, o guia me relembrou que estávamos na floresta, não num zoológico. Não existe garantia de ver nenhum animal. Tampouco nas caminhadas noturnas foi possível ver os tímidos hipopótamos pigmeus, alguns dos habitantes mais ilustres da ilha, filmados pela primeira vez ali mesmo pela BBC Travel.

Foi bom ficar isolado por alguns dias, apenas batendo papo com as três pessoas do centro de pesquisa. Deu para descansar bem, mas não necessariamente com noites de sono profundo. O barulho da floresta diminui bastante quando a escuridão chega, mas o tecido fino da barraca dá a sensação de estar completamente exposto. O barulho dos animais, galhos quebrando e até uma árvore caindo, às vezes, chegam a nos dar verdadeiros sustos!

O barqueiro que me levou para explorar o rio Moa era calado. Ele tinha um pente verde preso no cabelo que lhe dava certo estilo. Não esboçava nem um simples sorriso durante as minhas diversas tentativas de interação, nem mesmo quando eu o chamava de Capitão antes de fazer uma pergunta. A interação mudou um pouco quando falei que era do Brasil. Nada de Neymar ou futebol. Ele levantou uma lona e me mostrou um saco de arroz. Esboçou um pequeno sorriso e disse: "Arroz do Brasil é muito bom", mas logo fechou a cara. Lembrei-me de quando, no deserto da Somalilândia, associaram o Brasil ao açúcar que consumiam. As referências de cada um variam de acordo com suas necessidades.

Com tempo, e já com alguns bons contatos, pude organizar com calma minha travessia dali até a fronteira com a Libéria. Se eu quisesse tentar algum transporte regular, deveria retornar até Bo, o que tomaria muito tempo. Decidi ir de moto, mas tomando algumas precauções. Minhas exigências eram uma moto relativamente nova, um bom capacete e um motorista experiente.

Aguardando a tempestade tropical passar

No dia combinado, bem cedo, o motorista estava me esperando na outra margem do rio. Certifiquei-me novamente sobre o preço acordado e estava tudo conforme o negociado entre meus amigos. Seriam 150 quilômetros numa estrada praticamente sem cidades ou tráfego. Em algumas partes da estrada pude observar grandes obras sendo feitas. No futuro pode até ser que exista uma ligação fácil entre os dois países, mas não naquele momento. Uma estrada de terra, cercada de árvores gigantescas, que em certos momentos ofuscavam até a luz do sol. Um verde exuberante numa das paisagens naturais mais incríveis que já vi no mundo todo.

A moto ziguezagueava, desviando de buracos, mas algumas vezes chegava a pegar uma boa velocidade. Uma pequena parada para esperar uma balsa para atravessar novamente o rio Moa, mas de maneira geral a viagem fluía. Uma sensação de liberdade tomou conta de mim, gerando certa euforia. Diria até que junto a um sentimento de poder.

A estrada já vinha se deteriorando bastante conforme avançávamos na viagem. Em certo momento o pneu furou. Foi um anticlímax. De nada adiantou eu ter tentado tomar todas as precauções para viajar em uma moto nova. O motor não estragou, mas existem coisas que saem do controle. Sem ninguém passando para ajudar, não tínhamos outra opção a não ser caminhar adiante, empurrando a moto. Cruzamos com um nativo que nos informou que encontraríamos ajuda em um lugarejo a 10 quilômetros. Tentei manter o bom humor e seguimos viagem cantando. Chegando lá, meia dúzia de casas de taipa, onde ninguém podia prestar qualquer auxílio. Mais adiante, apontaram, e seguimos a caminhada. Uma hora depois chegamos em outra vila, onde havia uma pessoa que seria o mais próximo a um borracheiro, mas ele não estava ali, e sentamos para aguardar. Algumas mulheres com os seios de fora saíram de uma pequena choupana sem paredes.

Uma delas voltou coberta com um tecido colorido, trazendo mangas e um recipiente com água. Fazia tempo que a minha água tinha acabado. Esqueci toda a preocupação com a higiene e até certa neura pré-viagem por regiões recém-liberadas do surto de Ebola e me esbaldei.

Deu tempo de descansar um pouco. Como o tal borracheiro não chegava, nos recomendaram seguir adiante. A situação era tão surreal e a experiência tão intensa que eu seguia em frente ainda sorrindo. Lembro-me de ver nuvens escuras no horizonte e pensar, pelo menos não está chovendo.

Alguns quilômetros depois, num vilarejo um pouco maior, encontramos uma borracharia propriamente dita. Desmontaram o pneu e viram que tinha um grande corte, impossibilitando um conserto rápido. Junto com a notícia veio a tempestade e a escuridão. Intensa, uma tempestade de verão como estamos acostumados, potencializada várias vezes. Muito vento e trovões. Duas motos pararam para se abrigar da chuva. Em algumas horas a chuva deveria parar, me informaram. Não erraram. Duas horas de chuva grossa e o tempo foi se abrindo novamente. Meu motorista repassou parte do pagamento para o motorista de outra moto me levar até a fronteira enquanto arrumavam o pneu.

A chuva não tinha parado completamente, mas eu tinha embalado bem minha mochila com sacos de lixo para proteger da poeira, então não tinha muito com que me preocupar. Eu vestia jaqueta, e somente a calça molhava um pouco. Diversas poças d'água se formaram, algumas tomando quase toda a pista, impossibilitando desvios. Inicialmente eu levantava os pés para não molhar os tênis, mas depois de quase cair, tive que enfiar metade da canela na água para dar equilíbrio.

Meu capacete não tinha viseira, e diversos insetos passaram a se chocar com força no meu rosto. Pelo menos os óculos escuros protegiam meus olhos. Senti um alívio ao avistar, ao longe, o pequeno posto de fronteira com a bandeira de Serra Leoa tremulando. Fui até a imigração para encerrar esta etapa da viagem. Entreguei o passaporte e pediram para eu me sentar.

O oficial folheou meu passaporte e resmungou: "Huff, você entrou com visto eletrônico, né?". Acenei que sim. "Preciso da cópia da autorização e do comprovante de pagamento. Impressos.", afirmou. Revirei minha pastinha com documentos e entreguei para ele. Acho que ele não contava com a possibilidade de que eu tivesse cópias comigo e veio com outra história. "Para sair você precisa pagar dez dólares americanos." "Como assim?", eu indaguei. "Regras das fronteiras terrestres." Eu sabia que ele estava blefando, mas estava cansado demais para entrar no joguinho das propinas. Tentei acabar com a brincadeira e fui bem direto. "O senhor sabe que não existe esta cobrança, isto não é certo", continuei meu discurso moralista. Ele me interrompeu: "Hey, hey, hey. Que tal se eu colocar cocaína na sua mochila". Rapidamente voltei para o jogo. Abri o bolso da minha calça e tirei um punhado de moedas e algumas notas de leones que eu ainda tinha. Ele contou, pegou a de maior valor, 10 mil leones, e pediu para eu arranjar mais algumas. Procurei e encontrei mais uma. No total acho que perdi três dólares americanos e o oficial me liberou com desdém. Estava caminhando para a saída quando me informaram que eu tinha que passar no controle sanitário.

Imaginei que coisa boa não vinha, mas sabia que tinha que colocar o cansaço de lado e jogar o jogo. Pediram a carteira com vacinação contra febre amarela e entreguei. Foi aí que tudo começou novamente. Onde estão as outras vacinas? E enumeraram diversas doenças. "Estão na minha carteira de vacinação brasileira, aqui só é preciso a de febre amarela." "Negativo!", recebi como resposta, junto com um longo discurso de alguém fingindo ser meu amigo. "Aqui é uma área de muitas doenças, isto é para sua proteção." Se era para jogar, vamos jogar. Falei que tinha ido ao hospital em Freetown junto com meu amigo para ver se precisava de alguma vacina, e que tinham sido categóricos ao dizer que não precisava. "Que amigo?". "Alusine", respondi de bate-pronto, questionando se queria que eu ligasse para ele. Ele falou para eu ligar. Tirei o celular e apertei a tecla. O oficial me encarou por segundos que pareceram horas. O telefone tocava e eu torcia para ninguém atender. "Ok, pode ir. Vou liberar você desta vez." Desliguei o telefone rapidamente.

Logo na saída encontrei o motorista da moto que atravessaria comigo a terra de ninguém até chegarmos à Libéria. Era para eu me sentir triunfante, mas estava acabado depois de um longo dia de viagem. Mal eu sabia que ainda demoraria muito para terminar.

Interior de Serra Leoa

Libéria

Ex-jogador de futebol George Weah, novo presidente de Monróvia

CAPITAL MONRÓVIA

Nome oficial
República da Libéria

Área
111.369 km² (102º maior do mundo, 1,3% da área do Brasil)

Forma de governo
República Presidencialista

Moeda
dólar liberiano

População
4.475.353 (125ª maior do mundo, 2,1% da população do Brasil)

Idiomas
inglês, inglês da Libéria, kruan, bassa, dei, debo, kru, belle, krahn, gbee dentre outros

Visto
visto emitido em Freetown, Serra Leoa. Demora cinco dias úteis, mas é possível pagar mais para receber no dia seguinte

Produto Interno Bruto (PIB) ***per capita***
US$ 728 (175ª posição)

Número de turistas/ano
57 mil – Ranking Turismo – 176º

IDH
0,435 (181ª posição)

Para saber mais:

- **Filmes**: O senhor das armas, direção de Andrew Niccol

Hondros, direção de Greg Campbell

Os canibais da guerra da Libéria, documentário VICE

- **Livros**: Guerreiras da paz: Como a solidariedade, a fé e o sexo mudaram uma nação em guerra, de Leymah Gbowee.

A história da Libéria difere bastante da dos outros países africanos. Ela foi formada por escravos libertos vindos dos EUA. Pode-se comparar com a história de Serra Leoa, mas existe uma grande diferença: ela não foi colonizada. Foi entregue diretamente aos antigos escravos. Poderia parecer uma história de sucesso, mas não consideraram uma pequena variável: a região era habitada por diversos povos.

Os ex-escravos, das mais diversas origens, etnias e culturas tinham em comum a vida na América e o inglês. Foram chamados de povo Congo e passaram a atuar como classe dominante. O pavio estava aceso e um dia a luta de classes viria à tona.

Logo na chegada à imigração da Libéria, a burocracia continuava. Tive que apresentar meu passaporte em pelo menos meia dúzia de guichês para controles de visto, saúde e identificação dos meus planos de viagem. Algo que me surpreendeu muito foi que a maioria esmagadora dos oficiais era formada por mulheres. Talvez herança do mandato da ex-presidente e também Nobel da Paz em 2011, Ellen Johnson. Uma ótima recepção, mas logo tive que passar por uma longa espera até o táxi coletivo lotar.

Nesse meio tempo aproveitei para comer um milho assado que preparavam perto dos bancos de espera e comprar um *chip* para o celular. Tudo informatizado, mas infelizmente não foi possível concluir o processo, pois segundo o vendedor as torres não estavam recebendo o sinal porque acabara de cair uma tempestade .

Quando o carro finalmente lotou, seguimos por 150 quilômetros em uma boa estrada até a capital do país, Monróvia. O fato de ser uma estrada asfaltada não significa que a viagem tenha sido rápida. Diversas paradas para controle de passaporte acabaram nos atrasando bastante.

O motorista gentilmente telefonou para avisar ao meu anfitrião que eu estava a caminho. Já perto do meu destino final, o carro desviou um pouco da rota para descarregar as centenas de itens que estavam no bagageiro e porta-malas. Um breu total, apenas algumas tochas e fogueiras iluminavam a rua do subúrbio.

Fiquei aliviado ao saber que teria alguém me esperando na parada final em Douala Market. Já era relativamente tarde, eu vinha de pelo menos 15 horas de viagem desde a saída de Tiwai, em Serra Leoa. Quando um rapaz se aproximou e disse "Guilherme?", senti-me a salvo. Cumprimentamo-nos e nos apresentamos formalmente, já que até ali só havíamos conversado pela internet. Quando divulguei meus planos de conhecer a Libéria, surgiram algumas pessoas se oferecendo para me hospedar. Acabei inclusive declinando algumas recomendações de anfitriões para ter a minha própria experiência. Gaúcho era um jovem apaixonado pelo futebol brasileiro. Seu apelido era uma homenagem a Ronaldinho Gaúcho. Não deixava de ser uma primeira afinidade, ou pelo menos conexão.

Pegamos um mototáxi para o interior de New Kru Town, subúrbio de Monróvia. Não muitas quadras, num bairro plano e bastante desordenado, apesar do nome. Paramos e logo o Gaúcho ligou para saber onde estava seu irmão. Caminhamos outras quadras por ruas menores até encontrá-lo junto com seus amigos. Ele é pastor e estava ansioso para me conhecer. Bem jovens, seus amigos também pareciam eufóricos em encontrar um estrangeiro. Conversamos um pouco e logo nos despedimos da turma para caminhar até a casa da família do Gaúcho. Um longo caminho, com diversas paradas para cumprimentar amigos e ser apresentado.

Na casa dos pais dele, colocaram cadeiras de plástico no meio da rua de terra e fui cercado por parentes. Logo apareceram com peixe assado e Coca-Cola. Não estava gelada, mas confesso que me questionei sobre o porquê de eu não tomar refrigerante, de tão refrescante que foi. Conversamos sobre assuntos aleatórios e muitas vezes eles conversavam entre si em uma língua que eu não conhecia. Poderia ser qualquer uma das diversas línguas faladas no país, mas provavelmente era o inglês liberiano. Falavam tão rápido e eu estava tão cansado que pouco poderia captar.

Até então, o irmão pastor falava mais do que o Gaúcho, talvez acostumado com pregações. Cheguei até a me questionar se o Gaúcho era tímido. De repente, ele se levantou e falou: "Vamos, chegou a hora". Andamos mais umas três quadras até onde ele morava. Um barracão com telhado de zinco onde boa parte da estrutura tinha caído e se mantinha equilibrada. Um corredor escuro, com algumas portas trancadas com cadeado.

Parte de mim queria ceder, mas eu me mantinha forte e pensava no que aquela experiência poderia me trazer. Era um quarto de mais ou menos oito metros quadrados com uma pequena janela basculante no topo, uma cortina rasgada de flores, uma arara com algumas roupas penduradas, uma prateleira com alguns itens pessoais, um porta-retratos, uma mesa com televisão, um aparelho de som e um colchão de casal. Não sobrava espaço para mais coisas, mas bem no meio do quarto havia um balde que captava água do forro colapsado. Soltei um "ótimo!", ajeitei minha mochila num canto, fui tirando os tênis molhados e calçando chinelos.

Logo batem na porta. Mais um amigo e a namorada do Gaúcho. "Venha, vamos sair para tomar uma cerveja", ele afirmou com tanta convicção que eu não tive como negar, afinal de contas, ele era quase um anjo da guarda, ou pelo menos um porto seguro. Uma cerveja não faria mal. "Estou muito cansado", fiz questão de salientar. Saindo da calmaria das ruas escuras, chegamos num centrinho movimentadíssimo. Alguns carros aumentavam a iluminação, mas a luz das fogueiras ofuscadas pela fumaça ainda prevalecia.

Notei um soldado subindo em uma caminhonete. Final do expediente, pensei. A sorte estava lançada. Muitas pessoas bêbadas e algumas consumindo drogas no meio da rua. Chegamos a um bar com iluminação, provavelmente por conta de um gerador. Caminhando para dentro, um segurança gordo, sem uma das mãos, esticou um cassetete impedindo a nossa entrada. Apontou para meu chinelo, mas depois de uma negociação, nos deixaram entrar.

A prática de cortar membros do corpo foi muito comum nas guerras civis da Libéria e de Serra Leoa. Uma forma de assustar os oponentes e ganhar território, tão utilizada como o estupro, esquartejamento e até canibalismo.

Da porta até o final do bar, onde serviam as bebidas atrás de uma grade, pareceu uma eternidade. O bar estava cheio e todos viraram para me observar. Eu me concentrava para não tropeçar. Também me esforcei para não demonstrar o susto que levei quando percebi que a pessoa que me atendeu não tinha um olho. Pelo menos foi o que concluí pelo tapa-olho que usava. Meus amigos o chamavam de Ragetti, que depois fui saber ser um dos personagens do filme Piratas do Caribe. Para mim parecia mais um filme de Quentin Tarantino, ou Um Drink no Inferno, eu diria.

Tomamos a cerveja na rua e seguimos para a casa do Gaúcho. Despedimo-nos dos seus amigos, mas a namorada dele veio junto. Parou num vendedor de rua antes e trouxe um embrulho. Chegando à casa-quarto, sentou de pernas cruzadas no chão e abriu a embalagem. O cheiro de peixe tomou o ambiente. Eu nem me importei e já fui perguntando onde eu iria dormir. Ele estranhou a pergunta e apontou para a cama, como quem diz, é óbvio.

Deitei no canto e cobri os olhos com meu braço. Ele ligou a televisão e perguntou se eu não queria ver um filme americano. Incrédulo, respondi que não, que estava com sono. A televisão não pegava nem um canal, ficava só com aquele chiado. Então ele colocou uma música alta e começou a dançar. "Nós liberianos gostamos de dançar", falava rindo, quase gritando, seguindo as batidas de *afro-beat* com palmas.

A essa altura, sua namorada já tinha lavado as mãos no balde que captava água do telhado furado e deitado na mesma cama que eu. Em poucos minutos já roncava. Gaúcho dançou um bom tempo e até a televisão acabou sintonizando. Deitou entre nós e ficou assistindo filme, agora com imagem nítida, mas ainda com a música bem alta.

Já irritado, reclamei, ele levantou e baixou um pouco. Quase que me alertando, ele disse que no dia seguinte iríamos ao mesmo bar, porém para sentar numa das mesas e dançar até de manhã. Se tudo o que já tinha acontecido não fosse o suficiente, agora eu planejava mentalmente uma fuga dali. Eu me imaginava correndo pelas ruas escuras tentando achar a avenida principal. Criava estratégias. Quem sabe pagar algum garoto que estivesse na rua para me guiar. Mas sabia que seria perigoso. Eu fazia todo o esforço do mundo para dormir, mas com aquela música martelando na minha cabeça, era impossível. Eu havia entrado no meu lençol em forma de saco de dormir para evitar qualquer contato com a cama. Já estava derretendo de calor quando optei por sair. Pouco depois ele desligou a música. Da última vez em que eu havia olhado no relógio, eram quase 4 horas da manhã.

Acordei com barulho de panelas e dos vizinhos. Era pouco mais de cinco e meia da manhã. Galos cantavam e eu sabia que estava amanhecendo. Um amigo do Gaúcho bateu na porta perguntando por mim, mas foi dispensado. Sabia que não voltaria a dormir. Perguntei onde eu poderia usar o banheiro. Recebi como resposta um "ali na frente". Comentei que não queria só urinar. Ele levantou e me levou até a casa dos pais dele, a poucas quadras dali. Aproveitei o tempo para criar uma estratégia que funcionou bem. Ao voltar para o quarto, fui trocando de roupa e colocando os tênis. Ele me olhava sem entender muito bem o que estava acontecendo. Só disse que havia mudado de planos.

Agradeci e já ia saindo quando ele me acompanhou. Chamou um mototáxi e fomos os três até a avenida principal. Queria até pagar para mim, mas eu não deixei. Agradeci mas fiz questão de ressaltar que não conseguiria suportar mais uma noite maldormida e com música alta. Amenizei um pouco dizendo que se fosse mais jovem gostaria, mas que havia uma incompatibilidade de idade.

Acenei e peguei um táxi coletivo para o centro da cidade. Monróvia é uma cidade extremamente cara e eu sabia que teria dificuldades, pois o albergue do St. Teresa Convent, uma das poucas opções acessíveis, estava lotado. Um quarto simples na missão católica custava 20 dólares americanos, e o preço mais que dobrava em pequenos hotéis que muitas vezes funcionavam como motel. Os hotéis listados nos sites de busca na internet eram caríssimos, então a saída foi sair procurando e perguntando mesmo.

Já bastante irritado, consegui uma recomendação de um que era um pouco mais afastado, depois do quartel das Nações Unidas. Nem pensei. Fui direto para lá. Hotel bom, muito melhor do que eu estou acostumado a me hospedar em minhas viagens. O problema é que o preço do quarto mais barato era 120 dólares americanos. Quase caí para trás. Nunca entendi quando viajantes falavam o "eu mereço" antes de gastar um preço fora do orçamento. Mas havia chegado a minha vez. Estava esgotado, vinha de uma sequência de acontecimentos negativos. Consegui negociar para 80 dólares, um excelente custo-benefício comparado com tudo que eu havia visto.

Cheguei feliz da vida no meu quarto quando entendi por que haviam me dado o desconto. O quarto não tinha janela e tinha um cheiro muito forte de cigarro. O serviço de quarto tampouco o havia limpado ainda. Voltei para reclamar e consegui que me liberassem o excelente café da manhã que estava sendo servido. Comi como nunca e, mais que satisfeito, fui para o quarto. Não estava arrumado ainda. Fiquei louco. Fui reclamar novamente. Mantive a educação, mas fui bem duro. Resultado: ganhei um *upgrade* para um quarto *deluxe*. Quando entrei, nem acreditei: eu teria água corrente, ar condicionado e até Wi-Fi. Caí na cama e dormi imediatamente, não deu tempo nem de tirar os tênis.

Sempre me orgulhei de não fugir da realidade. Criticava duramente expatriados que moram na África dentro de uma bolha, em condomínios luxuosos, e andam em SUVs com ar-condicionado. Nunca quis me comportar como um estrangeiro, do tipo que quando as coisas apertam, apela para a saída do conforto. Mas as incontáveis viagens haviam consumido minhas forças e chegou a minha vez, eu me entreguei. Teria envelhecido? Sei que fiquei quase o dia todo dentro do quarto. Fim de tarde, arrisquei uma ida à praia. Um pequeno bar servia cerveja para alguns grupos de jovens. Dezenas de adesivos do ex-jogador de futebol, hoje presidente do país, George Weah, estavam colados nas mesas.

Sentei-me em uma cadeira de madeira quebrada, um pouco mais afastada, e fiquei observando o sol se pôr. A poucos metros dali, no meio da praia, vi uma árvore de Natal perdida. Não entendi, já que até a Páscoa havia passado. Ri sozinho. Aliás, nunca valorizei tanto o silêncio quanto naquele dia.

Apesar de ter dormido quase o dia todo, não tive dificuldades para dormir à noite. Pela manhã chovia forte, mas não tinha intenção de continuar no hotel, então peguei minha mochila e arrisquei uma ida até a cidade. Uma rápida passada no Museu Nacional e logo estava indo visitar o Hotel Ducor. Um antigo hotel cinco estrelas, símbolo da abundância da elite local, mas que foi completamente abandonado durante a guerra civil e depois invadido por famílias que não tinham onde morar. Lembrei do livro "Minha casa do outro lado do Atlântico", onde a jornalista Helene Cooper relata a fartura e riqueza de sua família antes da guerra. A chuva deu uma sensação de abandono ainda maior para um local que já foi de tanta opulência.

Não muito longe dali começa West Point, região barra-pesada de Monróvia, onde ex-guerrilheiros e ex-crianças-soldado perambulam pelas ruas consumindo drogas, cometendo delitos e se prostituindo. Provavelmente não muito diferente da experiência que tive em New Kru Town. Deixei passar. Peguei um transporte para Robertsport, cidade mais ao norte de Monróvia, onde estava se desenvolvendo uma cena local de *surf*. Tudo que eu precisava era de alguns dias na praia pegando onda na chamada Costa da Pimenta. Doce ilusão. A temporada de chuvas havia chegado antes naquele ano e as intermináveis tempestades, ventos e o rio que desembocava no mar com muito lixo, acabaram com a possibilidade da prática do esporte.

Aceitei a derrota novamente. Antes de o sol raiar, eu já estava na estrada. Peguei um transporte para Monróvia, onde consegui outra lotação, desta vez sentido leste, até a cidade de Ganta, fronteira com Guiné. Curiosamente outra estrada boa. Só peguei duas estradas no país, justamente as asfaltadas. Digamos que viajei somente pelas partes fáceis. O pessoal da lotação me adotou e fomos conversando toda a viagem. Nas paradas para controle de passaporte sempre cuidavam de mim. No meio do nada, pararam num rio para jogar bolachas e me mostrar o tamanho dos peixes que vinham comer. Compraram um espetinho de camarão que eu torcia para ser de rio, já que estávamos a quase 300 quilômetros do mar. Receber todo esse cuidado foi uma ótima maneira de me despedir do país. Perceber que, às vezes, as coisas saem erradas e isso faz parte das viagens e da vida, mas que sempre haverá alguém para ajudar você a se reerguer. Troquei e-mails e redes sociais e peguei um mototáxi. Carimbei minha saída do país e viajei pela terra de ninguém no meio da floresta tropical em direção à Guiné.

Trégua da chuva em uma praia de Monróvia

Douki, Fouta Djalon

CAPITAL CONACRI

Nome oficial
República da Guiné

Área
245.857 km² (77º maior do mundo, 2,9% da área do Brasil)

Forma de governo
República Presidencialista

Moeda
franco guineense

População
12.218.357 (76ª maior do mundo, 5,8% da população do Brasil)

Idiomas
francês, susu, fulani, mandingo dentre mais de 25 línguas bastante faladas.

Visto
emitido na Embaixada em Brasília e enviado pelo correio

Produto Interno Bruto (PIB) *per capita*
US$ 883 (163ª posição)

Número de turistas/ano
25 mil – Ranking Turismo – 183º

IDH
0,459 (175ª posição)

Para saber mais:

- **Filmes**: Il va pleuvoir sur Conakry, direção de Cheick Fantamady Camara

  Le Ballon d'or, de Cheik Doukouré

- **Livros**: O menino negro, de Camara Laye

  My Heart Will Cross this Ocean: My Story, My Son, Amadou, de Kadiatou Diallo e Craig Wolff

ATRAVESSANDO A GUINÉ

Quando tirei o visto para Guiné no Brasil, fiquei surpreso com a facilidade. Enviei o passaporte pelos Correios, emitiram o visto e mandaram de volta no mesmo dia. Não tive a mesma tranquilidade para planejar minha viagem por lá. Era possível encontrar na internet alguns relatos de pessoas que viajaram pela costa do país, transitando entre Guiné-Bissau e Serra Leoa, mas a maioria deles com informações antigas, anteriores ao surto de Ebola na região. A minha rota era um pouco mais audaciosa. Eu queria atravessar toda a zona de floresta tropical do país, chegando até as Terras Altas, e só depois seguir para a costa, até a capital, Conacri. O problema é que não consegui nenhuma informação sobre viajantes que fizeram essa rota. As informações dos guias de viagem eram desatualizadas em praticamente uma década.

Depois de muito estudar, descobri uma organização europeia que fazia estudos de primatas na floresta tropical de Guiné. Acabei conseguindo o contato de uma portuguesa que trabalhava lá. Parecia que finalmente minhas dúvidas seriam esclarecidas, mas não adianta, expatriados sempre tem uma relação diferente com o país. Ela só havia viajado em carros privados e me recomendou a fazer o mesmo. Alertava que a viagem em transporte público poderia demorar de três a quatro dias. Quem sabe até seis se tivesse azar ou a temporada de chuvas chegasse antes. Voltei à estaca zero e o desenvolvimento da viagem era uma incerteza. Uma mistura de prazer com toques de ansiedade, principalmente porque eu já tinha o voo marcado. Esta é uma diferença que só quem fez uma viagem longa vai entender: ter a liberdade total de datas e planos. Mas desta vez eu não tinha.

Depois de um controle de passaporte amigável na imigração, troquei algum dinheiro e segui floresta adentro. O mototáxi que eu peguei estava todo embalado com sacolas plásticas para ficar protegido do pó. Apesar do calor úmido tropical, todos os motoristas usavam jaquetas grossas para segurança. Eu vestia um *anorak* fino, mas que protegia contra o vento e o impacto dos insetos. Teria cerca de 80 quilômetros pela frente, numa estrada cortando a floresta. Aproximadamente meia hora depois de atravessar a fronteira, chegamos a um vilarejo chamado Dieke. Lá os mototáxis não nos deixaram passar, argumentando que somente eles tinham permissão de seguir viagem. Foram extremamente cordiais comigo. O problema mesmo era com o meu motorista. Depois de uma rápida discussão, acertaram-se entre eles, trocaram umas notas e segui viagem em outra moto.

Estrada até Nzérékoré

Nos arredores da cidadezinha, algumas carvoarias com dezenas de crianças trabalhando. Algumas só me acompanharam com o olhar, mas uma aproveitou para descansar, colocou o saco de carvão no chão e acenou para mim.

Dentro das possibilidades a viagem estava rendendo, mas o tempo foi fechando, um vento soprou forte junto com trovoadas. Deu tempo de parar num puxadinho com telhado de zinco à beira da estrada pouco antes de o dilúvio começar. Chuva fortíssima, com o vento quase deitando as árvores. A água passou a se acumular no chão e formar grandes poças. Algumas rajadas de vento faziam com que quase chovesse na horizontal. Tivemos que correr para nos abrigar em um lugar mais seguro. Os raios e trovoadas seguiram por cerca de uma hora. Tudo parou da mesma maneira que começou, num piscar de olhos.

Mesmo toda empacotada para se proteger da lama e da água, a partida da moto não funcionou. Perdemos um tempo secando e empurrando, mas logo estávamos na estrada novamente. Boa parte do trajeto estava alagada. Carros supercarregados encalhados fizeram parte do cenário.

Cheguei a Nzérékoré cansado, com a bunda quadrada da viagem, mas passei no pátio dos transportes para buscar informações sobre como seguiria viagem no dia seguinte. Apenas depois de entender como é que tudo funcionava por ali é que fui buscar hospedagem. O último quarto da pousada que me indicaram estava com a porta emperrada. Era um ambiente agradável, com um pequeno pátio e restaurante. Negociei um quarto num pequeno hotel ali perto e voltei para jantar naquela pousada. A grande vantagem de viajar sozinho é que só fica sozinho quem quiser. Um casal norte-americano que vive na região se aproximou e puxou papo. Eram Testemunhas de Jeová e estavam em missão pelo interior da África. O papo fluiu pouco. Por coincidência ou não, eles se retiraram assim que a minha cerveja chegou. Havia pedido uma cerveja local e me assustei quando serviram uma garrafa de Skol, marca muito apreciada por lá.

A comunicação tinha sido fácil em Serra Leoa e na Libéria, onde o inglês é uma das línguas oficiais. Na Guiné, a mudança para o francês complica um pouco, mas nada que não seja superado após mais algumas cervejas. Assim conheci o Sr. Mamandi, sentado à mesa ao lado. Trabalhou na Vale do Rio Doce, que explorava bauxita e minério de ferro na região, antes de perder a concessão por corrupção e fraudes. Também contou detalhadamente sobre o massacre étnico de 2013, do qual sobreviveu por pouco, e sobre o surto de Ebola, que segundo ele, foi uma invenção dos brancos para acabar com a população negra local. Já exausto física e mentalmente, tentei me despedir. Mas amigos não nos deixam sair assim tão facilmente. Fez questão de me pagar mais uma cerveja e se ofereceu para me levar até o pátio de transporte pela manhã. Acabei cedendo.

Haviam me falado que os transportes partiam em torno das cinco da manhã. Para garantir, quatro e pouco eu já estava a caminho. Cedo demais. Mesmo depois de um bom banho de balde, não tinha acordado. Meu amigo também estava sonolento. Ele foi fundamental para eu achar o táxi coletivo que iria direto para a região que eu queria, sem fazer conexões desnecessárias. Eu era o primeiro passageiro e as coisas estavam calmas demais por ali. Até mesmo muitos dos motoristas não haviam chegado ainda, então nos despedimos e aproveitei para tirar uma soneca no banco da frente do carro. Esperando pelo pior, acabei comprando os dois lugares do banco da frente, assim seríamos apenas eu e o motorista, enquanto os outros passageiros se entulhavam atrás. Nunca imaginei que faria isso, mas devido a todos os alertas sobre as dificuldades que estariam por vir, resolvi me precaver.

O sol não havia nascido ainda, mas o movimento começou com tudo exatamente às cinco da manhã. Fiquei admirado com a pontualidade e exatidão da informação que haviam me passado. Carros e caminhões passaram a ser carregados. Grupos de pessoas se formaram e vendedores ambulantes ajudavam a dar vida para o pátio que se tornava cada vez mais sonoro e colorido. Quando as barracas de comida foram montadas, corri para garantir meu café da manhã. A única opção era ensopado de peixe com arroz, mesmo assim não pensei duas vezes antes de me garantir. Com certeza não é o prato que se espera para um desjejum, mas sabe-se lá quando poderia comer uma boa refeição novamente.

O carro já estava quase lotado. Eu ainda não havia encontrado café, o que me incomodava bastante. Já na saída, na parada para abastecer, finalmente um vendedor de café apareceu na janela. Eles sabem que é impossível tomar café com tantos zigue-zagues e buracos na estrada, então colocam dentro de um saquinho e amarram a ponta. É só rasgar a pontinha com o dente e ir tomando. Uma das grandes formas de iniciar amizades e ganhar confiança é dividir alimentos. Logo perguntei quem mais queria café e um passageiro e o motorista aceitaram. Pronto, um vínculo havia sido formado. Escutei toda a história da vida do Ibrahim. Ele era de um vilarejo próximo ao meu destino final, mas já morava há muitos anos na Costa do Marfim. Orgulhava-se que de pequeno agricultor havia se tornado um grande empresário. Tinha ampliado sua loja, que vende um pouco de tudo, mas principalmente produtos chineses, e estava planejando abrir outra. Questionei se ele estava voltando para casa para ver os pais, quando ele me confidenciou que era para buscar uma segunda esposa. Curioso, perguntei se a sua primeira esposa tinha aceitado, um dos preceitos para que o novo casamento acontecesse, e ele me mostrou orgulhoso a foto da esposa em uma moto. Rindo, comentou que no início ela não aceitou muito bem, mas então ele comprou uma moto nova para ela, que acabou cedendo.

Semifinal da *Champions League*

Não é mais muito comum, mas o Islã permite ter mais de uma mulher, desde que o homem tenha condições de sustentá-las e de dar o mesmo tratamento a elas. Essa prática salvou a vida de muitas mulheres quando havia uma disparidade muito grande entre as populações masculinas e femininas. No mundo moderno parece um costume bastante arcaico, mas ainda é o sonho de muitas mulheres que moram em regiões isoladas e com um dia a dia muito difícil.

Gosto de ser provocativo e questionei se ele já havia feito o Hajj, peregrinação a Meca, um dos pilares do Islã. A viagem só é obrigatória caso haja condições financeiras. Ele aparentemente tinha, ou poderia ter com algum planejamento. Ele disse que não. Calou-se e refletiu por um tempo. Quando parecia que ele ia me falar algo, o carro quebrou pela primeira vez. Todos aproveitaram para ir ao banheiro no mato enquanto o motorista e outro passageiro resolviam o problema do carburador. Não demorou muito e logo estávamos na estrada novamente. Nessa primeira etapa a estrada não era nem um pouco ruim, principalmente

pela baixa expectativa que eu tinha. Logo chegamos a Sérédou, uma antiga missão cristã, onde fizemos uma parada para carregar mais produtos no bagageiro. A cidade é cercada pelas colinas Ziama. Apesar do horário, estava mais fresco do que pela manhã. Aproveitei para esticar as pernas e caminhar enquanto carregavam galões de vinho de palmeira no carro. Uma barraquinha estava lotada de pessoas se servindo de comida. Tinha me abastecido de pães, bolachas e outros mantimentos para imprevistos, mas não custava garantir uma nova refeição, já que a hora do almoço estava próxima. Eu estava sentado num banquinho plástico me deliciando com a carne de panela que se desfazia no caldo, quando o carro chegou para me buscar. Eu molhava os pedaços de pão para não perder nem um pouco do molho. Meus amigos davam risada sem parar e eu não entendia por quê. Quase chorando eles me perguntaram se eu sabia do que era a carne? Eu olhei para o lado e vi umas cabras e apontei para elas, quase que confirmando. A gargalhada aumentou. Eles imitavam um animal e eu não entendia qual era. Arrisquei perguntar se era coelho, mas fiquei sabendo que era uma espécie de ratazana que vive na região.

Fouta Djalon

Sempre recebido com sorrisos

Confesso que não fiquei com nojo por ser rato. A região é selvagem o suficiente para não ser rato urbano. Deve ser tipo o Cui, apreciado pelos nossos vizinhos do Peru e da Bolívia. O problema é que o Ebola teve início com a alimentação de carne de caça contaminada. Pelo menos aquela estava muito bem cozida.

Não estávamos muito longe de Macenta quando o carro quebrou novamente. Desta vez parecia mais sério e o motorista e meu amigo Ibrahim conseguiram carona até a cidade para buscar ajuda. Sentei-me à beira da estrada e, ao ver uma senhora se complicando toda para amamentar seu bebê e cuidar do seu filho maior, que ainda andava cambaleando, assumi o papel de babá. Peguei o maior no colo, contei histórias e levei-o para caminhar à beira da floresta. Os outros passageiros me olhavam com curiosidade e até admiração pela minha desenvoltura. Depois ficaram brincando comigo, oferecendo para o garoto ir ao colo do *baboo*, como chamam o homem branco. Um bom tempo se passou, mas distraído nem me incomodei muito. Com o carro funcionando, fizemos uma rápida parada na cidade onde a senhora que ajudei comprou algumas nozes-de-cola para me presentear em agradecimento. A noz-de-cola é um estimulante, serve de base para o refrigerante Coca-Cola. É amarga e precisa ser mastigada por bastante tempo para fazer efeito. Sugere-se não engolir o bagaço, mas sim cuspi-lo. Não gostei muito, mas me senti lisonjeado com o presente.

Foi um bom passatempo quando a estrada se deteriorou, e muito. Estávamos no interior da zona de florestas de Guiné, isolados de tudo. Óbvio que o carro iria quebrar por ali. Substitui a cola pelo vinho de palmeira na primeira vez que me ofereceram. Não dá para dizer que é bom, mas relaxou. Isso posso garantir. Horas se passaram até seguirmos pela terrível mas bela estrada.

Parada rápida em Guéckédou, cidade próxima da tríplice fronteira Guiné-Libéria-Serra Leoa, que já teve seu tempo áureo de comércio. Foi devastada pelas guerras civis que aconteceram por toda a região. Hoje está em ruínas. Interessante observar que em um lugar tão isolado, há muitos postes com placas para captação de energia solar. A história que contam é que foram doados pelo *rapper* americano Akon, mas nunca confirmei se realmente é verdade. No fundo, acho que prefiro acreditar na história do cantor bem-sucedido que lembrou-se de seus tempos de infância e decidiu ajudar pessoas na mesma situação. Apesar de ter nascido nos EUA, ele cresceu no Senegal, país dos seus pais.

Havíamos saído da região do povo Toma e entrado no país Kissi. De cara as aldeias já tinham outra aparência, com casas tradicionais, todas construídas em um círculo. Ambas as regiões são de povos animistas, cheios de lendas e cultos aos antepassados. O pôr do sol foi com essas aldeias e a floresta, já não tão densa, ao fundo.

Chegamos a Kissidougou tarde da noite. O motorista encostou o carro perto de ambulantes para comermos alguma coisa. Fizemos uma reunião para decidir se seguiríamos viagem ou não. Alguns passageiros insistiam em viajarmos sem parar para dormir, o que para eles era o combinado. O motorista disse que já não se aguentava de cansaço. Passei a apoiá-lo. Para meu desespero, fomos vencidos. A estrada deveria melhorar dali para frente, mas ficaria mais perigosa no escuro e com o cansaço do motorista. Já na saída da cidade fomos parados por soldados que nos impediram de seguir viagem. Não entendi direito o que havia acontecido, mas não era uma recomendação e sim uma ordem.

Andamos poucas quadras até um posto de gasolina abandonado. Pararíamos para dormir ali. Desci do carro e deitei na lajota. Quando apoiei a minha cabeça na mochila, vi que uma lua cheia iluminava todo o local. Já era quase meia-noite e outros carros e caminhões estavam parados por ali, com gente dormindo por todos os cantos. Usei a jaqueta corta-vento como coberta e em segundos dormia profundamente.

Incrivelmente não acordei com a movimentação de saída de todos os veículos. Tiveram que me chacoalhar para eu acordar. O cansaço e o vinho de palmeira haviam me derrubado. Fomos quase os últimos a sair, umas quatro e meia da manhã. Essa etapa da viagem foi menos interessante. Já tínhamos saído da zona de floresta e a paisagem não empolgava muito. Passamos relativamente perto da nascente do rio Níger, o terceiro maior de toda a África, com mais de 4 mil quilômetros de extensão em formato de ferradura, inicialmente corre em direção ao interior do continente e depois faz uma grande curva no Deserto do Saara para voltar e desaguar no Atlântico.

Estávamos todos cansados e já não conversávamos muito. Quando passamos por Mamou fiquei grato por Mamandi ter achado um transporte direto para Labe. Caso contrário, eu teria que descer ali, negociar, aguardar outros passageiros, para só depois seguir viagem.

Quando chegamos às Terras Altas de Guiné, o carro quebrou mais algumas vezes. Cansado, acabei desistindo de ir até Labe, capital de Fouta Djalon; desci em Pita e me despedi de todos os passageiros. Meu amigo Ibrahim pediu para tirar uma foto comigo, ele me abraçou e disse ter pensado muito sobre o que eu havia lhe falado. Prometeu levar as suas duas esposas junto com ele para a peregrinação a Meca e percebi que ele estava ansioso para me contar sobre sua decisão. Concordei com a cabeça e sorri, sem mais brincadeiras. Como já era hora do almoço, procurei um lugar para comer e planejar um pouco meus próximos passos.

A viagem até a região de Fouta Djalon foi mais rápida do que eu imaginei, então teria mais tempo para explorar o interior e mergulhar na cultura local, não ficar apenas nas principais cidadezinhas. As Highlands de Guiné são um verdadeiro *playground*, em diversos aspectos, tanto cultural como de natureza.

Tentei achar um carro que me levasse até um vilarejo chamado Douki, a mais ou menos 50 quilômetros dali, mas fui informado de que só havia transporte de manhã. Em outros horários, apenas em dia de feira por lá. Não tive alternativa a não ser procurar um mototáxi disposto a me levar. Os preços não são muito mais altos e acaba dando uma grande agilidade. Em alguns momentos o caminho mais parecia uma trilha. Tínhamos dificuldade de desviar até mesmo se outra moto viesse no sentido contrário. Mais adiante a estrada se alargava, mas os buracos estavam por todos os cantos, tornando o percurso bem lento e dolorido.

Arredores de Douki

Douki é um amontoado de casas à beira da estrada. Não foi difícil pedir informação e achar a casa do Hassan, a 300 metros da estrada principal. Hassan, com ajuda de um amigo estrangeiro, desenvolveu algo próximo a um ecoturismo na região de Fouta Djalon. Agraciado por sua casa ficar perto de um magnífico cânion e diversas cachoeiras, há anos tornou-se uma referência para quem vai para o interior de Guiné. Além de fula, a língua local, Hassan fala francês, inglês e espanhol que aprendeu quando se aventurou como pescador nas Ilhas Canárias. É de uma simpatia inigualável e tem uma interessantíssima história de vida.

Descansei um pouco numa rede dentro de uma casa tradicional, construída para os turistas. Crianças vieram me trazer uma bacia com manga e Hassan já estava empolgado para me levar para conhecer a região. Mostrou um cardápio de *trekkings* possíveis de se fazer na região e logo estávamos a caminho do Mundo Indiana Jones, que era como ele chamava o *trekking*.

Formações rochosas, passagens estreitas com pequenos córregos, cipós, o som dos macacos e pássaros davam um clima todo especial para o local. Rolou uma identificação mútua e em pouco tempo de conversa dava para perceber que uma amizade verdadeira iria se formar entre nós. Existem lugares incríveis para conhecer na região, algumas caminhadas curtas e outras mais longas. Hassan está no ramo há muito tempo e consegue atender aos diferentes clientes que aparecem, desde viajantes até expatriados que querem conhecer além do caos urbano das capitais do oeste africano. Mas ele logo percebeu que eu queria algo mais, não apenas caminhar por regiões bonitas. Foi assim que, além do cardápio, planejamos fazer uma travessia passando por alguns dos lugares mais bonitos da região e por pequenos vilarejos.

Voltamos para casa e encontramos muita movimentação. Todo o vilarejo de Douki, e algumas pessoas das regiões rurais dos arredores estavam lá para ver a semifinal do campeonato de futebol *Champions League*. Soube que tinha até gente com a camiseta do Barcelona torcendo pelo Real Madrid, mas o time do momento era outro, o Liverpool. Times ingleses fazem sucesso em países africanos de colonização inglesa, mas qual o sentido de torcer pelo Liverpool em Guiné? A resposta é fácil, seus principais jogadores.

Sadio Manè cresceu num pequeno vilarejo do sul do Senegal em condições não muito diferentes de todas aquelas pessoas. Já Mohamed Salá, egípcio e muçulmano, além de ídolo, é daqueles que doa dinheiro para instituições de caridade, escolas, hospitais e mesquitas. O poder de ídolos é algo inimaginável.

Maior que o futebol, só o amor à religião. No momento da última oração do dia, a televisão foi desligada no meio do jogo. Todos se voltaram a Meca e fizeram a bela Isha. Eu sempre acho muito hipnotizante esse momento. Ao terminarem, as crianças foram correndo ligar a televisão para ver se o placar tinha se alterado. Liverpool perdeu, mas garantiu a vaga na final. A festa estava pronta. Crianças cantavam e dançavam. Definitivamente muito mais que um jogo!

Conheci Andrew, um canadense que estava viajando pelo oeste da África e que havia voltado de caminhadas com o irmão do Hassan. Foi o primeiro estrangeiro que encontrei desde o início dessa etapa da viagem em Freetown, Serra Leoa. Conversamos um pouco, mas logo fomos dormir. Ele iria para Conacri, tentar tirar alguns vistos de que precisava e eu teria dias de caminhadas pela frente.

Acordei relativamente cedo. Depois de um café da manhã reforçado, partimos para mais uma caminhada pelo cânion, não muito longe de onde estávamos. No início fomos margeando para depois descer. Tarefa não muito fácil devido ao paredão íngreme, mas alguns lugares têm madeiras amarradas com cipós em escadas improvisadas. Sempre que descia lembrava que em algum momento precisaria subir novamente. Mas acabou dando tudo certo.

Aproveitei alguns dias de caminhadas do *menu* até chegar a hora de fazer a travessia. No fim das contas foi bom ter me ambientado com a paisagem que era belíssima, mas pude dar atenção a outros detalhes. Fizemos incontáveis zigue-zagues, passando por fantásticas vistas, cachoeiras e formações rochosas, mas agora a prioridade eram os vilarejos, essenciais para conhecer, interagir e pegar água. Algumas vezes são apenas algumas casinhas, outras chegam a ter oito ou dez. Nos maiores deles, precisamos parar para pedir autorização ao chefe da região para passar. Sempre se mostraram muito atenciosos e solícitos. Como é uma região um pouco mais alta, o clima permite o cultivo de diversas frutas. Banana, abacate, abacaxi e mamão são algumas das mais tradicionais, mas existem muitas outras da região, sempre em abundância. Também cultivam e moem o próprio café. Um sistema de poços introduzido por ONGs francesas funciona muito bem, então não tínhamos dificuldade em conseguir água potável.

Para as refeições, tínhamos nos preparado com batatas, ovos e conservas, mas sempre nos serviam cuscuz de mileto, cereal que lembra o trigo, e molho feito de folha de mandioca. Uma vez nos ofereceram até carne de bode. Estranhei a abundância, mas logo descobri que era o fim de um período de luto depois de um funeral.

Cenas do cotidiano, vida simples e dura, mas pelo menos para quem está de passagem, dá para romantizar um pouco. Banhos de rio, desafios físicos, caminhadas sob a luz do luar e quilômetros a mais para desviar de grupos de babuínos também fizeram parte daqueles dias. Passei por Misside, Ley, Galawwel, Ferogbeh, Kurabugal, Yelagbal, Soindé, Senadeu, Baulere Chabel e Ndalao Kolangol, e tantos outros lugares que não estão no mapa.

O *grand finale* foi em Dongol Touma, coincidentemente bem no dia de feira, onde pessoas de toda a região se reúnem. Familiares do Hassan vieram de Douki para vender seus produtos e, atendendo ao nosso pedido, trouxeram a moto dele para podermos voltar. Foi uma aventura memorável e muito enriquecedora, totalizando quase 50 quilômetros a pé, e convivendo com pessoas maravilhosas em lugares belíssimos.

A volta para Douki não foi fácil nem mesmo de moto. Descansei um pouco quando chegamos. Depois, derrubar mangas das árvores com a criançada e tentar conter as queimadas para limpar o mato fez o tempo passar rápido.

Cedo, na manhã seguinte, fui até a estrada para pegar transporte até Pita. Como seria dia de feira por lá, foi mais fácil do que imaginava. Após uma lenta viagem, assim que cheguei fiz uma rápida troca de transporte para um carro direto de Pita até Conacri. Parecia que eu estava com sorte e o dia iria render. Doce ilusão, os pouco mais de 300 quilômetros demoraram o dia todo. Depois da cidade de Kindia, o trânsito parou de uma maneira que me fez rever o meu conceito de engarrafamento e hora do *rush*. Tentávamos desviar por atalhos, mas carros vindos dos dois sentidos se afunilavam em pequenas pontes de madeira. Cheguei em Conacri, a capital, já tarde da noite. Como é uma península, as paradas são bem no início da cidade. Negociei um táxi para me levar até o centro, na outra extremidade.

Perto do meu destino final havia muitas ruas bloqueadas, cadeiras na rua e apresentações de danças e música. Nada fora do normal, coisas de bairro mesmo. Uma grande escuridão pela ausência de iluminação pública, mas achamos a Missão Católica, local onde me hospedaria. Na chegada encontrei o canadense Andrew, que seria meu vizinho de quarto, e ele me apresentou ao seu companheiro de quarto, um viajante que acabara de conhecer. Ele me olhou e disse: "Eu te conheço". Olhei com cara de desconfiança, tentando lembrar, mas sem ideia de quem poderia ser. Não sou muito bom para fisionomias, ainda mais sem ter alguma referência. Ele pediu um minuto, para ir buscar água e voltou. "Lembra, de Dakar, ano passado?." É claro! Marko, o croata com quem saí para jantar quando encontramos os Mourides. Que coincidência, um ano e meio depois nos

encontrarmos na estrada e, novamente, na minha última noite.
Saímos para tomar uma cerveja, mas as lojas de conveniência já estavam fechadas. Um cara na rua se ofereceu para nos levar a um lugar que ainda estava aberto e fomos com ele. À noite, se estivesse sozinho, provavelmente recusaria, mas em três pessoas, e sem nada de valor, dava para arriscar. Acabamos num bar escuro, cheio de mulheres, que muito provavelmente estavam trabalhando. Não demoramos muito. Pegamos cervejas vendidas a preço de ouro e fomos à varanda do casarão da Missão Católica trocar informações valiosas de viagem, sem nenhum tipo de assédio.

A Missão Católica é o lugar mais barato para se hospedar em Conacri. Confesso que me surpreendeu positivamente: quartos simples, mas limpos e com ventilador, mosquiteiro e água corrente nos chuveiros. No café da manhã, pão com margarina e café para iniciar bem o dia. Quem acorda cedo por ali e também dá show no pôr do sol, são os morcegos. São tantos que chegam a escurecer o céu quando saem juntos. Eles sobrevoam todo o bairro em grandes grupos antes de se refugiarem nas árvores do jardim, fazendo um barulho estridente.

Mercado de Dongol

Em Conacri, dei uma volta despretensiosa pelo centro da cidade, admirando o que sobrou dos prédios coloniais franceses e pequenos mercados. Minha experiência em Guiné tinha sido tão boa que me sentia em casa já no primeiro dia. Tentei em vão conseguir carona nos barcos de pescadores para chegar até a Îles de Los. Além dos pescadores, a única forma de conhecer a histórica ilha era com os caríssimos grupos de hotéis de luxo. Ficou para uma próxima vez. Depois de saborear frutos do mar preparados na hora pelos pescadores, fui me perder pelos labirintos do Marché Madina, o maior mercado da cidade. Com a alma renovada, estava pronto para pegar o voo de volta para o Brasil, mas com a próxima aventura mais desenhada na minha cabeça do que nunca.

Fouta Djalon

Parte VI

3.466 km

Rota VI

ÁFRICA
MAURITÂNIA
MALI

Mauritânia

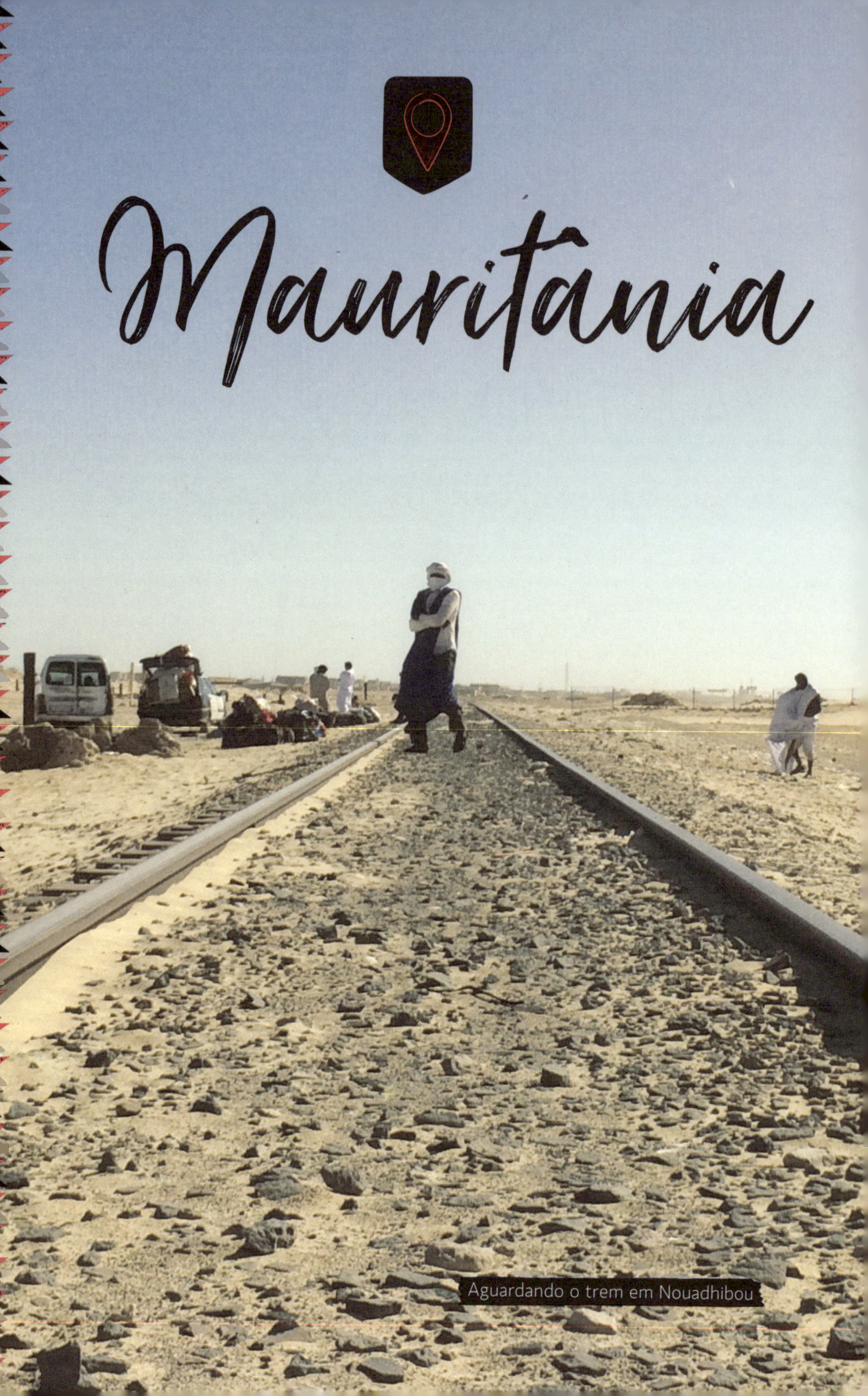

Aguardando o trem em Nouadhibou

CAPITAL NOUAKCHOTT

Nome oficial
República Islâmica da Mauritânia

Forma de governo
República Semipresidencialista

População
4.077.347 (129ª maior do mundo, 1,9% da população do Brasil)

Visto
todas as nacionalidades podem emitir o visto na chegada ao país, tanto terrestre como aérea.

Número de turistas/ano
39 mil – Ranking Turismo – 179º

Área
1.030.700 km² (28º maior do mundo, 12,1% da área do Brasil)

Moeda
ouguiya

Idiomas
árabe (hassaniya), francês, fula, wolof, soninque, pular dentre outros

Produto Interno Bruto (PIB) *per capita*
US$ 1.282 (151ª posição)

IDH
1,143 (157 º posição)

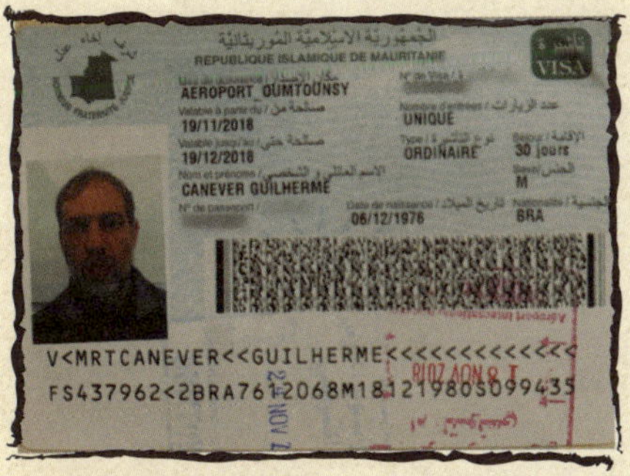

الجمهورية الإسلامية الموريتانية
REPUBLIQUE ISLAMIQUE DE MAURITANIE
VISA
AEROPORT OUMTOUNSY
UNIQUE
19/11/2018
19/12/2018
ORDINAIRE
30 jours
CANEVER GUILHERME
M
06/12/1976
BRA
V<MRTCANEVER<<GUILHERME<<<<<<<<<<<<
FS437962<2BRA7612068M1812198050994

Para saber mais:

- **Filmes**: À espera dos Homens, direção de Katy Léna N'diaye
- **Livros:** Silent Terror: A Journey into Contemporary African Slavery, de Samuel Cotton

TERRA DE CHINGETTI

Sempre que imaginava uma viagem pela Mauritânia, me vinha à cabeça uma longa jornada desde o Marrocos, atravessando todo o Saara Ocidental. É o trajeto mais óbvio e comum entre os viajantes que partem da Europa. Outra possibilidade seria no sentido contrário, seguindo do Senegal ao norte. Nunca pensei que voaria até a capital do país, Nouakchott, mas acabou sendo uma ótima logística, principalmente para quem não tinha muito tempo. O aeroporto era novo, havia sido inaugurado há menos de dois anos da época em que estive lá. Estrangeiros de todos os países podem tirar o visto na chegada. A fila não era das menores, mas quando chegou minha vez, o procedimento foi bem simples, tudo automatizado. Logo após o pagamento da taxa e do cadastro da biometria, estava em solo mauritano.

Já era perto das duas da manhã, mas como eu sabia o horário de chegada do voo e dos 25 quilômetros que separam o aeroporto do centro da cidade, havia agendado um táxi para me buscar. Ou pelo menos algo parecido com isso. Quando reservei um albergue, o atendente perguntou se eu precisava de *transfer*. Acabei concordando para facilitar a chegada e enquanto procurava a plaquinha do taxista com meu nome, vi que era algo bem mais informal.

O jovem Abdoulaye, funcionário do *hostel* que respondera a minha mensagem, chamou um de seus amigos que tem carro como uma possibilidade de ganhar um dinheiro extra. Vieram junto outros dois amigos. Para eles parecia um ótimo programa para um domingo à noite. Passadas as introduções iniciais, tudo acabou sendo muito divertido. Em poucos minutos, dirigindo pela larga avenida sem nenhum movimento até o centro da cidade, já estávamos com o som alto e cantando junto com o CD de música pop a única faixa que insistiam em ouvir. Entrei no clima e cantava o refrão como se fosse fluente em árabe hassaniya. Janelas todas abertas, seria uma recepção perfeita não fosse o fato de estarem todos fumando. Não quis cortar o clima e não reclamei. Chegando ao *hostel*, eles estavam dispostos a continuar a bagunça, mas educadamente dispensei-os e fui dormir, pois o dia começaria cedo para mim.

Um dos principais motivos de eu ter voado direto para Nouakchott, é que a capital da Mauritânia é um dos lugares mais fáceis para se tirar o visto para viajar ao Mali, país que exploraria em seguida. Quando dependo de tirar um visto, tento dar entrada logo nos primeiros dias, pois caso haja algum problema, posso reorganizar a logística da viagem.

Companheiro de viagem no vagão de minério de ferro

Foto: Luís Pinto Leite

O dia mal começava quando peguei um taxi até a embaixada do Mali. Paguei menos de um real pelo trajeto. Trafegamos por ruas calmas e entre construções baixas. Apesar de ser a maior cidade do país, o lugar parecia bem tranquilo. Chamou minha atenção o número de pessoas com turbantes nas ruas, independentemente do tipo de roupa que estivessem usando.

Como planejado, cheguei 15 minutos antes de a embaixada abrir. Estava sentado em uma pedra para aguardar quando a porta se abriu e um segurança veio em minha direção. Já me armei esperando que fosse levar uma bronca ou algo do tipo. Para minha surpresa, ele me convidou para entrar, abriu o casarão, me levou até uma sala e ligou a televisão. Não demorou muito e chegou a pessoa responsável pelos vistos. Ajudou-me a preencher o formulário, perguntou um pouco sobre os meus planos, cobrou a taxa e pediu para aguardar na sala com a televisão.

Normalmente, o visto é entregue no início da tarde, mas acabaram facilitando o trâmite para mim e em menos de uma hora eu estava com o documento no passaporte, o que me fez ganhar um tempo inesperado. Como voltaria para Nouakchott depois, resolvi encarar a estrada. Antes só precisava tirar fotocópias do passaporte, que são exigidas nos postos de controle do Exército ao longo das estradas.

Fotocópias em mãos, peguei minha mochila e me encaminhei para o local de onde saem os micro-ônibus para Nouadhibou, segunda maior cidade do país. Num lampejo de lucidez, e até de um TOC de checagem dos bolsos e pertences, me dei conta da falta do meu passaporte. Havia ficado dentro da copiadora! Nem eu nem o atendente nos demos conta. Por sorte não estava longe do local e o contratempo foi facilmente contornado.

São diversas as agências que oferecem o transporte entre as duas cidades. Vans e micro-ônibus relativamente bons, que aparentemente saíam somente quando estavam cheios. Foram algumas horas de espera. Dava certa agonia ver que cada agência tinha alguns passageiros. Na verdade, era uma questão de organização, juntar todos e partir, mas uma vez que você chega e paga, fica amarrado àquela companhia.

Àquela altura já fazia bastante calor e eu não conseguia entender como meus companheiros de transporte usavam pesadas jaquetas de inverno. Além das pessoas, muitas mercadorias iam chegando e sendo amarradas no topo dos veículos. Comprei alguns mantimentos para a viagem, pois seriam quase 500 quilômetros de estrada. Pista simples, plana e normalmente sem acostamento. No início da viagem trafegamos próximos ao mar, mas logo fomos nos afastando e a vista foi ficando mais monocromática e monótona. Na maior parte do trajeto apenas pedras amareladas, numa planície a perder de vista.

Em poucos momentos dunas alaranjadas apresentavam um belo contorno, mas fora isso, apenas esporádicas carcaças de camelos atropelados alteravam a paisagem que passava pela janela. Passamos pelos arredores do Parque Nacional do Banco de Arguim, onde além de vasta diversidade de espécies marinhas, milhões de aves migratórias fogem do inverno europeu, e até da Sibéria, para se reproduzir.

Ao longo da estrada, praticamente nenhuma cidade ou vilarejo, o que fez a viagem render até as proximidades de Nouadhibou onde os postos de controle do Exército aumentaram bastante. Não muito longe dali fica a fronteira com o Saara Ocidental, controlada pelo Marrocos, por isso existe certa tensão no ar.

Chegando a Nouadhibou, fui direto para um camping-hotel recomendado por diversas pessoas que estiveram na região. Lugar simples, mas que ficou muito popular entre viajantes que faziam o trajeto Paris-Dakar. Apesar de pequena, a cidade tem seu estilo. É um centro portuário, próximo da fronteira e cheio de imigrantes. Fácil de encontrar um restaurante chinês ou senegalês com bons preços. Para não fugir das guloseimas locais, leite de camela está sempre disponível.

Eu tinha alguns interesses bem específicos na região. Primeiro resolvi conhecer o cemitério de navios, um dos maiores do mundo, com mais de 300 navios de grande porte encalhados na costa, além de outros menores, proporcionando um cenário insólito.

Minha caça aos navios fantasmas foi mais breve do que imaginava. Pelo acaso do destino, Ali, o motorista do táxi que me levava ao sul da península era um sarauí espanhol, um morador do Saara Ocidental antes de a região ter sido abandonada pela Espanha, portanto com direito a voto no sonhado referendo. Quando contei sobre o meu livro, "Uma viagem pelos países que não existem", ficou difícil saber quem estava mais empolgado. Ele até me mostrou sua certidão de nascimento, tirada do porta-luvas, envolta em uma sacola plástica para não danificar.

A península de Nouadhibou tem cerca de 70 quilômetros de comprimento e apenas 12 de largura. Uma pequena faixa que fica dividida entre a Mauritânia a leste, e o Saara Ocidental a oeste, na costa Atlântica. Nós dois estávamos muito felizes ao sair de Cansado rumo ao extremo sul da península, onde a Bahia do Levrier se junta ao Oceano Atlântico, em Cabo Blanco. Muito legal ver todos estes nomes espanhóis por ali.

Em Cabo Blanco existe uma importante colônia de focas-monge, espécie raríssima, altamente ameaçada de extinção. De lá seguiríamos para o Saara Ocidental ocupado pela Mauritânia, evitando a estrada com os postos de controle. Tentamos seguir um pouco de carro pela costa, mas logo tivemos que estacionar e continuar a pé. Chegamos a uma pequena comunidade de pescadores, já em território sarauí. Curiosamente, mesmo esta parte da península sendo do Saara Ocidental, e ocupada pela Mauritânia, toda a parte marítima é controlada pelo Marrocos, que não permite que nenhuma embarcação não marroquina possa pescar naquelas águas. Mesmo sendo difícil controlar os pequenos barcos, com a restrição o Marrocos fica com toda a riqueza da atividade pesqueira, que não é pouca na região.

Algumas cercas completamente danificadas não nos ofereciam grandes obstáculos rumo ao norte. Meu guia, se é que poderia chamá-lo assim, nunca tinha feito esse caminho, mas dizia saber que era possível chegar até a antiga cidade de La Guera desviando o bloqueio militar. Também chamada de Lagouira, foi construída pelos espanhóis, mas devido a intermináveis conflitos, acabou sendo abandonada e hoje é uma cidade fantasma.

Exaustos por caminhar boa parte do trajeto pela areia, sob o sol escaldante, avistamos placas de advertência de minas terrestres. Paramos para descansar e planejar uma estratégia. Já avistávamos algumas poucas construções de La Guera ao fundo quando vimos um jipe vindo em nossa direção. Faziam parte da patrulha da Mauritânia e chegaram gritando e nos intimidando. O pior é que não dava nem para me fazer de desentendido porque estava com o Ali. Depois de olharem meu passaporte, conseguimos convencê-los a não comunicar a base dizendo que simplesmente voltaríamos pelo mesmo caminho. Com ar suspeito, o oficial com binóculo que parecia comandar os outros três soldados disse que nos dariam uma carona. E assim nos levaram de volta.

Tivemos que caminhar apenas dez minutos de onde nos deixaram. Seria um alívio, bem mais fácil que a ida, caso não fosse a nova informação que recebemos. Segundo Ali, eles informaram que mesmo que não víssemos placas sobre minas terrestres elas estão por todos os lados. Cada passo do caminho de volta foi tenso, eu ficava pensando na estupidez que tínhamos acabado de cometer. Quando voltamos ao nosso carro e seguimos por caminhos demarcados e pela estrada foi um alívio.

Fui ver a movimentação dos barcos de pesca voltando ao porto da baía no final da tarde, mas logo procurei um restaurante chinês, garantia de encontrar alguma bebida alcoólica numa República Islâmica.

Caravana nas Montanhas Adrar

Tantos acontecimentos inesperados me distraíram da outra injeção de adrenalina que estava por vir. Só pela manhã, quando fui ao mercado para comprar mantimentos voltei a pensar no assunto. Quanto precisaria de comida, e o mais importante, água, para os próximos dias? Naquela tarde eu embarcaria no trem de minério de ferro que atravessa o deserto do Saara desde Nouadhibou, no litoral, até Choum, no interior. Existe uma estimativa de tempo de viagem, mas tudo pode mudar. Na dúvida, comprei bem mais do que pensava precisar.

Cheguei à pequena ferroviária, afastada da cidade, com bastante antecedência. Vieram me perguntar se eu queria um bilhete para o vagão de passageiros. Haveria um naquele dia, junto com os mais de 200 de carga. Praticamente ninguém viaja no vagão de passageiros, todos simplesmente pulam em um dos vagões de carga e seguem viagem. Todos os dias o trem sai das minas de Zouerate carregado com 20 mil toneladas de minério de ferro e vai até o litoral. É uma jornada de mais de 700 quilômetros pelo deserto. O trem, com quase três quilômetros de comprimento, é considerado um dos maiores e mais pesados do mundo. Sabia que uma jornada épica estava por vir. Aquele frio na barriga veio enquanto eu tentava entender como as coisas funcionavam por ali.

Estava sentado à sombra, conversando com vendedores e depois com Farha, uma anglo-caxemiri que viajava de bicicleta, quando um segurança se aproximou com um celular, perguntando se eu era "O" brasileiro. Titubeei por um segundo. Seria algo relacionado com a patrulha do dia anterior? Timidamente concordei, e ele me passou o aparelho. Era Abdou, de Atar. Eu não tinha a menor ideia de quem ele era, mas ele sabia bastante sobre mim. Fiquei um pouco confuso, mas com o desenrolar da conversa entendi que ele era amigo dos meus amigos de Nouakchott e sabia que eu iria pegar o trem num daqueles dias. Vinha mantendo contato com seu amigo, o segurança do celular, para saber se eu estava por ali. Senti-me monitorado, mas feliz em receber as instruções de como chegar de Choum até Atar e de saber que teria alguém me esperando lá.

A movimentação na ferroviária começou a aumentar, com caminhonetes chegando carregadas de mercadorias e animais. Pessoas já se alinhavam à beira dos trilhos do outro lado da estação e fui me juntar a eles. Conheci o Luís, um português que viajava de bicicleta também.

Clima bacana, todo mundo conversando e se ajudando, quando o trem surge vindo do norte. Todos se afastam e o monstro vem em alta velocidade. Passa todo estrondoso, fazendo muito barulho e parecendo não terminar. Foi descarregar todo o minério no porto, poucos quilômetros ao sul. Logo retornaria. Sabíamos que teríamos que ficar atentos, pois as paradas muitas vezes não demoram muito tempo.

Quando o trem voltou, já estávamos a postos, inclusive calculando uma boa posição para facilitar a descida quando chegássemos a Choum. Existem carregadores contratados, mas todo mundo acaba se ajudando para colocar o que é preciso para dentro do vagão. As bicicletas e seus alforjes deram certo trabalho, mas mesmo assim sobrou tempo.

Além dos dois cicloviajantes, três mauritanos e dois malianos também subiram no mesmo vagão que eu. Os vagões têm certa folga e toda vez que as quatro locomotivas aceleravam ou freavam um barulho acompanhava o movimento entre os vagões e quase caí com o solavanco inicial. Como os vagões estavam vazios, ficamos dentro, lá no fundo. Mas o interessante é olhar para fora, então nos pendurávamos nas escadinhas ou sentávamos em cima das bordas estreitas tentando nos segurar onde dava.

Mercado de Atar

O trem foi ganhando velocidade e o rejeito de minério de ferro levantava como uma poeira fina, grudando em tudo. Roupas compridas, óculos de sol e lenço ao redor da cabeça e rosto são essenciais. Mas junto com a poeira vinha a brisa e as curvas com o trem a perder de vista, que nos faziam esquecer o incômodo. Pelo menos temporariamente. Imaginava que a adrenalina tomaria conta, mas o que eu mais sentia era a sensação de liberdade mesmo. E não era algo passageiro, como um pico que logo dá vez à abstinência. Foi algo que se manteve por horas e horas.

Às vezes eu me sentava um pouco para descansar, mas tentava aproveitar ao máximo a luz do dia e me pendurava na escadinha o tempo todo. No entardecer, um espetáculo da natureza. Nas intermináveis planícies o pôr do sol foi lento, e a luz avermelhada ainda aparecia no horizonte mesmo quando já estava escuro. Em pleno deserto, não havia uma nuvem sequer, mas não dava para ver muitas estrelas porque a lua estava cheia e muito brilhante deixando a noite muito clara. Isso fez com que eu continuasse escalando a pequena escada de ferro dezenas de vezes mesmo noite adentro.

Assim como aconteceu ao entardecer, no início da noite todos os muçulmanos se alinharam e rezaram, mesmo com o trem em movimento. Uma cena belíssima. Depois nos reunimos e ficamos batendo papo, cada um contando um pouco sobre o que estava fazendo por ali. Tinha o jogador de futebol do Mali, os que buscavam trabalho na mina e até um que iria muito mais além, continuaria deserto adentro após a chegada em Choum.

Com a noite avançando, o frio chegou. Muitos já estavam deitando para dormir, ou pelo menos tentando proteger-se do pó com seus cobertores. Todos bem preparados, menos eu que só tinha um moletom e uma blusa. Um rapaz, o mais quieto de todos, trouxe um cobertor para mim. Neguei, por algumas vezes, mas a insistência foi tão grande que acabei aceitando. Ele havia quase implorado, mostrando que tinha uma jaqueta grossa. Eu não tinha muito a oferecer em troca, então lhe dei uma garrafa de água, uma baguete e algumas bolachas. Ele agradeceu e aceitou. Era claramente um haratine, mauritano negro de costumes árabes, considerado de casta inferior. Terrível o preconceito que os mouros têm com relação aos haratines; achei curioso tratarem de forma distinta os outros africanos negros de países vizinhos. Havia observado isso em Nouadhibou, mas foi ficando mais claro com o avanço da viagem. Fiquei um pouco confuso sobre ter recebido o cobertor por hospitalidade ou sentimento de obrigação. De qualquer forma, fiz questão de lhe dar toda atenção do mundo e tratá-lo como um nobre. Ele não entendia uma palavra que eu falava, mas todos os outros percebiam. Que a mensagem fosse passada pelo exemplo.

Trem transportando minério de ferro

Chegamos a Choum aproximadamente 12 horas depois de partirmos. Despedi-me de todos que seguiriam viagem para Zouerate, com um abraço especial para o rapaz que me emprestou o cobertor. Havia uma ou outra luz de celular. Nenhum sinal de uma estação ou sala de controle. Sabendo qual é a rotina deles, julgava que existiria uma logística preparada. Não estava errado. Logo vejo uma van passando pela lateral do trilho, recolhendo algumas pessoas e mercadorias. O trem partiu antes de ela chegar até onde eu estava. Finalmente consegui dormir pesado, nem percebi as horas do trajeto até Atar.

Teoricamente Abdou estaria me esperando, mas não tinha ninguém lá. Passei o número para o motorista ligar para ele, mas ninguém atendeu. Já não faltava muito para amanhecer, então pedi para dormir mais um pouco na van mesmo.

Fui acordado pela manhã com Abdou chacoalhando meus pés pela janela que havia ficado aberta. Fomos até a sua casa, a algumas quadras dali. Sua família preparava o café da manhã. Descansei um pouco nas esteiras jogadas no único cômodo da construção e depois conversamos bastante. Ele é ligado ao turismo, aparentemente trabalha com vários grupos, quase uma operadora. Um cara legal, mas meio estranho. Não sei explicar, mas acabamos não tendo uma afinidade muito grande.

Andei sem destino entre os mercados de Atar para ver a rotina diária da região, mas no início da tarde já estava em um novo transporte a caminho da histórica Chinguetti. Fundada no século XVIII, foi uma importantíssima cidade para a rota transaariana. Seu prestígio não era apenas comercial, mas também religioso. Parada obrigatória dos viajantes que estavam iniciando sua peregrinação a Meca. Tornou-se um centro de estudos do Islã e suas jurisprudências, assim como outros estudos científicos como astronomia, medicina, matemática, dentre outras matérias.

Andando pela parte velha da cidade, com construções de pedra, portas coloridas ou talhadas em madeira e ruas de areia, fica difícil imaginar a importância que esta cidade já teve. Apesar de bastante danificada, Chinguetti é um charme, rodeada por dunas alaranjadas que insistem em avançar sobre a cidade. No centro, a mesquita principal com o minarete de pedra ativo continuamente por tantos séculos.

Mas o grande interesse da cidade está nas suas bibliotecas. Ainda existem cinco delas, controladas por famílias que passaram a missão de pai para filho. São incontáveis livros e manuscritos, preservados por tanto tempo, de maneira rudimentar, no meio do deserto. Normalmente elas não estão abertas, mas todos sabem qual família cuida de cada uma e logo chamam o responsável para abrir as portas e dar as devidas explicações. Apesar do isolamento, é um lugar turístico. Ou, pelo menos, já foi. Veem-se artesãos e crianças nos arredores das bibliotecas, muitas vezes bastante insistentes. Alguns grupos de turistas de terceira idade chegaram em caminhonetes, alterando um pouco o clima do lugar. Mas é só se esconder pelas ruas estreitas e construções de pedras, buscando uma biblioteca só para você.

Sem muitas opções de restaurante, e tentando fugir do albergue, acertei com um menino que tentava ser meu guia para jantar na casa dele. Era uma forma de ele me deixar caminhar tranquilo, de conhecer a vida da região, além de injetar dinheiro diretamente na economia local. A comunicação não era fácil, e eu imaginava jantar com toda a família dele. Acabaram me colocando em um lugar separado e a interação não foi como o esperado. Para completar, o preço, que por malandragem dele, não conseguimos definir no início, acabou ficando exorbitante. Havia perguntado uma dezena de vezes quanto custaria a refeição, mas nunca tive uma resposta concreta. No final queria me cobrar umas cinco vezes o valor de um restaurante simples. Sabia que era uma armadilha, o que não me deixava nem um pouco confortável. Ninguém quer ser enganado. Mas por um lado ficava com pena do garoto, que via em mim uma grande oportunidade. Valor que realmente faria diferença na vida da sua família. Paguei em torno de vinte por cento a mais do que gastaria num restaurante. Ele tentou fazer um drama, mas quando viu que eu estava irredutível mudou a expressão e voltou a ser meu amigo. Verdadeiro teatro.

Chinguetti

Todos os anos, durante uma semana, existe um festival com jogos, música e dança. O local se alterna entre as cidades históricas da Mauritânia: Chinguetti, Ouadane, Oualata, Tichitt e Aoudagoste. Não existe muita informação sobre o festival e eu nem sabia que ele estava para acontecer mais ao sul do país. Também não imaginava que pudesse afetar os planos da minha viagem. Eu pretendia ir até Ouadane, trajeto possível apenas em veículos 4x4. Com o festival se aproximando, todos os veículos estavam indo em busca de trabalho no sul. Eu até conseguiria chegar a Ouadane, mas me alertaram que dificilmente conseguiria voltar nos próximos dias.

Desisti e rumei para Atar pelas montanhas Adrar. A viagem foi lenta, pois encontramos grandes rebanhos de dromedários, que calmamente andavam pela rua estreita, entre o desfiladeiro e a montanha. Caminhonetes com homens vestidos de azul e turbante preto, modelito local, fechavam o cenário com aquela paisagem espetacular das montanhas e do deserto.

Em Atar fui até a casa de Abdou, onde encontrei com Farha, a ciclista que viajou de trem comigo. Junto com ela estava um cicloviajante canadense, de bicicleta quebrada, que Farha havia conhecido em Chinguetti. Nós três decidimos conhecer Terjit, um oásis localizado mais ou menos 50 quilômetros ao sul. Eu não tinha grandes expectativas, mas acabou sendo um programa bem agradável. O oásis fica no meio de um cânion, com uma nascente onde é possível tomar banho. As palmeiras criam um ambiente relaxante e é impressionante como derrubam drasticamente a temperatura. Além de sombra e água fresca, os oásis sempre fornecem tâmaras, excelente fonte de renda para seus proprietários. Já estive em diversos oásis, mas este com certeza é um dos mais bonitos que já vi.

Ao retornar para Atar, dormimos na casa de Abdou. O calor nos impediu de dormir dentro da casa. Deitamos em esteiras na areia do jardim. Até aí tudo bem, só não imaginava a quantidade de mosquitos. Não estava carregando um mosquiteiro, então a solução foi me cobrir até o rosto para evitar ser picado. Até que funcionou, mas o barulho deles era uma tortura. Dormir sob as estrelas não foi tão glamoroso desta vez.

Mais uma longa viagem até Nouakchott, por uma estrada simples mas de asfalto bom. A van saiu no horário acordado e, inacreditavelmente, não tinha todos os espaços tomados. O canadense, James, colocou sua bicicleta estragada no topo para tentar achar peças na capital. Distribuí minhas últimas cópias do passaporte nas barreiras do Exército e aproveitei para tirar o sono atrasado, já que tinha um banco só para mim.

Na chegada, precisamos decidir como iríamos até o albergue com a bicicleta quebrada. Tentamos um táxi que se recusou a levar a bicicleta. Logo em seguida um carro parou e ofereceu ajuda. Colocamos a bicicleta no porta-malas, pelo menos parte dela, e ganhamos carona. O simpático motorista falava bem inglês e estava curioso para saber quais as nossas impressões sobre o país. De certa forma lamentava a ausência de turistas na Mauritânia, pois a maioria deles apenas cruza o país do Saara Ocidental até o Senegal em poucos dias.

Ele tinha razão, realmente um desperdício. Trocamos contatos e até planejamos um jantar juntos, mas acabou não dando certo. Em Nouakchott, explorei um pouco mais a cidade, no entanto ela não tem muito a oferecer. Mais à tarde fui até o porto aguardar os barcos coloridos chegarem. Homens jogavam futebol na areia ou uma espécie de jogo de dama enquanto aguardavam. Mulheres, com seus vestidos e lenços coloridos, sentavam-se com seus cestos esperando uma pesca farta.

O tempo passava, muitos rezaram na areia nos horários determinados, e poucos barcos retornaram. O mar não estava para peixe. Vento forte, barcos alinhados na areia e toda essa movimentação é rotina da principal economia da cidade. A jovem capital, espremida entre o deserto e o Atlântico, não tem muitas possibilidades. Até a década de 1970 tinha apenas 20 mil habitantes. Em um país de nômades, poucos precisavam de cidades. Hoje as coisas estão mudando, lentamente, mas estão mudando.

Nouakchott

Eu sonhava em pegar a Route de l'Espoir, a estrada construída por uma empresa brasileira na década de 1970. A transmauritânia corta o sul do país até o Mali. Pouco resta dela, portanto leva-se vários dias de viagem para fazer o trajeto. Eu não tinha tempo e a segurança perto da fronteira não estava listada como das melhores. Contrariando o meu histórico de viajar somente por terra no continente africano, ainda de madrugada peguei um voo de Nouakchott para Bamako, capital do Mali, via Dakar.

Minarete de pedra se destacando na parte velha de Chinguetti

Mali

País Dogon

CAPITAL BAMAKO

Nome oficial
República do Mali

Forma de governo
República Semipresidencialista

População
19.689.140 (59ª maior do mundo, 9,4% da população do Brasil)

Visto
emitido na Embaixada em Nouakchott, Mauritânia.

Número de turistas/ano
193 mil – Ranking Turismo – 150º

Área
1.240.192 km² (23º maior do mundo, 14,6% da área do Brasil)

Moeda
franco CFA (Colonies françaises d'Afrique - XOF)

Idiomas
francês, bambara, fula, bomu, bozo, mamara, malinquê, soninquê, senara, tamasheq dentre outros

Produto Interno Bruto (PIB) *per capita*
US$ 927 (161ª posição)

IDH
0,427 (182ª posição)

Para saber mais:

- **Filmes**: Timbuktu, direção de Abderrahmane Sissako

  Mali *Blues*, direção de Lutz Gregor

- **Livros:** O fabuloso reino dos mansas do Mali, de Maurício Waldman

  Amkoullel, o Menino Fula, de Amadou Hampâté Bâ

ANTIGOS IMPÉRIOS, NOVOS CONFLITOS

Mercado de segunda-feira em frente à Mesquita de Djenné

Durante muitos anos sonhei com uma viagem pelo Mali. Infelizmente, devido à instabilidade política local, eu sempre acabava adiando. Com a queda de Kadafi na Líbia, grupos de tuaregues que atuavam como mercenários no país acabaram retornando para o Mali. Após tantos anos longe, não conseguiram encontrar um lugar na sua antiga sociedade. As dificuldades econômicas que o Mali atravessava foram mais um forte obstáculo à reinserção, então, acabaram revivendo um antigo sonho: criar um país só para eles, Azawad. Não seria a primeira vez; desde a época em que a região ainda era colônia francesa, revoltas já eram comuns.

Inicialmente tomaram um grande território ao norte do país, incluindo a histórica Timbuktu. Com o passar do tempo, o governo central do Mali foi reconquistando território. Os grupos rebeldes juraram lealdade a organizações terroristas como Al-Queda e logo o Ocidente, liderado pela França, enviou soldados para combatê-los. Para cada história de sucesso, diversos atentados mostravam que a situação poderia demorar a melhorar. Em 2015, um atentado em plena capital do país, Bamako, fez 170 reféns no Hotel Radisson e pelo menos duas dezenas de mortos.

Eu já sabia que não conseguiria percorrer todo o país, havia descartado essa possibilidade há muito tempo. Meu questionamento era outro. Deveria aguardar a região ficar em paz e conhecer todas as regiões que queria, ou deveria viajar para onde fosse possível e garantir a oportunidade, antes que a situação piorasse? Lembrei-me de outras experiências que tive no passado e achei melhor me garantir. Não foi fácil conseguir informações precisas sobre locais que gostaria de visitar através de diversos contatos com expatriados, população local, pessoas ligadas ao turismo e até diplomatas. Depois de me informar o máximo possível, estava relativamente confiante. Havia reduzido consideravelmente os riscos com as informações que tinha. Quase tudo foi por água abaixo quando a data da eleição presidencial foi definida para o dia da minha chegada, e inclusive já havia protestos previstos. Mas tive uma boa dose de sorte e a eleição foi postergada novamente.

Quando o avião pousou no aeroporto Modibo Keita, em Bamako, senti um frio na barriga, e um calafrio que subiu pela espinha. Nada de barbeiragem do piloto, mas sim a visão de quatro aviões brancos das Nações Unidas na pista. Alinhados estrategicamente, como se estivessem prontos para partir no caso de uma emergência. Por um segundo pensei se não estava fazendo o caminho inverso das outras pessoas, mas, de qualquer maneira, não seria a primeira vez na minha vida.

Atravessei a imigração sem muitas filas ou perguntas. Saí do aeroporto, troquei dinheiro, comprei um *chip* de celular e negociei um táxi até meu hotel. Tudo muito simples, como se estivesse chegando em casa. Mas quando cheguei perto do carro que havia reservado, fomos cercados por diversos taxistas. Aparentemente, o taxista com quem eu havia negociado não tinha permissão para trabalhar ali. Tive que trocar para um carro oficial, mas o preço continuou o mesmo, então nem me importei muito.

Percorremos uma avenida principal, Avenue De La Cedeao, que leva até o centro da cidade. Já bem perto do rio Níger, na altura da Embaixada da Alemanha, viramos em uma rua calma. Ali, espremido entre duas embaixadas, fica o Hotel Sleeping Camel. Sem qualquer placa ou sinalização, apenas duas portas de aço, câmeras de segurança discretas e segurança armado.

O hotel foi idealizado por europeus e durante anos foi um importante ponto de encontro de viajantes que se aventuravam por todo o oeste da África. Um grande pátio arborizado onde *overlanders* paravam seus caminhões adaptados ou caminhonetes e faziam churrasco com coelhos correndo pelo jardim. Quartos privados e um dormitório atendiam aos viajantes de diversos estilos. Infelizmente muita coisa mudou com a queda do turismo e havia poucos hóspedes. Cheio mesmo estava o bar/restaurante, muito popular entre expatriados e soldados de diversos países que estavam em missão de paz no Mali. Confesso que não gostei muito do clima. Cheio de pessoas tentando fugir do seu dia a dia, comendo pratos ocidentais a preços exorbitantes e tomando cerveja com armas penduradas na cintura. O tipo de lugar que poderia ser alvo de um atentado caso não fosse tão escondido e não tivesse a segurança da região, próxima às embaixadas. Para completar a minha chegada, apesar de ter reservado uma cama, o dormitório com apenas quatro camas, estava lotado. Arranjaram um quarto privado pelo mesmo preço, mas era sem janelas e bem em frente ao bar, que ficava muito barulhento à noite.

De Bamako, queria pegar um ônibus direto para Djenné, cerca de 600 quilômetros ao norte. Teoricamente existiam duas companhias que atuavam no trajeto, em dias alternados. Apesar de ser uma das grandes atrações do país, ninguém no hotel pôde me dar qualquer informação segura. Diziam que havia apenas um ônibus por semana ou me orientavam a fazer uma baldeação em um entroncamento ao norte, mas isso tornaria a viagem muito mais longa. As informações na internet pouco ajudavam, então a solução foi ir para a rua e descobrir a informação na prática. No mercado central, não muito longe da mesquita principal, consegui obter as primeiras coordenadas. Poucas quadras adiante, na Place de Nioro, encontrei a companhia L'Homme Trans, que faria o trajeto no dia seguinte. Uma pequena portinha onde um senhor anotava os nomes dos passageiros e garantia espaço no ônibus que partiria naquela madrugada. Comprei meu bilhete e fui alertado para chegar às 3 horas da madrugada, pois pontualmente às quatro horas o ônibus partiria.

Passeei um pouco e logo fui descansar. Sabia que teria uma noite barulhenta pela frente e que precisava levantar e sair assim que o bar estivesse se acalmando. Agendei um táxi com o hotel, que acabou não aparecendo para me buscar. Tive que sair a pé na escuridão e parar um carro a algumas quadras dali, quase na ponte que atravessa o rio Níger sentido centro. Cheguei três e meia. Deu tempo de comprar alguma comida e 15 minutos depois, antes do horário marcado, o ônibus já estava se movimentando. Buzinou, foi para frente e para trás acelerando bastante e partiu antes das 4 horas.

Aproveitei que a madrugada estava fresca e dormi pesado. Já perto das 9 horas da manhã acordei pela primeira vez. Uma parada um pouco mais longa, controle de passaportes e perguntas rápidas sobre para onde eu estava indo. Estávamos perto da fronteira com Burkina Faso, por isso um controle um pouco maior. Anos antes eu havia passado bem perto dali, mas do outro lado da fronteira.

À medida que íamos nos locomovendo para o norte, a temperatura aumentava consideravelmente com o passar do dia. O ar-condicionado já não vencia o calor, e a paisagem seca vista da janela dava uma sensação mais quente ainda. Muitas charretes na estrada faziam com que o ônibus tivesse que fazer ultrapassagens arriscadas, apesar do pouco movimento. Numa dessas ultrapassagens, o ônibus derrubou um motoqueiro que se feriu gravemente. Todos desceram, carregaram o motoqueiro ensanguentado para dentro do ônibus assim como o que restou da moto. Seguimos viagem por mais algumas horas até encontrarmos uma ambulância que havia sido acionada.

Aindelou, País Dogon

Logo depois, saímos da estrada principal e seguimos em sentido oeste. Ao longo da pequena estrada havia áreas alagadas, com pequenas plantações e armadilhas para pegar peixe. A mudança de paisagem me deu novo ânimo. Com certeza as horas de sono também ajudaram. Comecei a conversar com os passageiros e logo todos tivemos que descer. Havíamos chegado a uma pequena balsa em que o ônibus não poderia subir carregado. Andei entre todas aquelas pessoas que usavam roupas coloridas, tirei os sapatos para andar na água até a balsa e me surpreendi de ver a ambulância ainda ali. A balsa só atravessa quando está cheia, e de nada adiantou eles terem vindo mais rápido. Pobre homem.

Travessia rápida e cênica até a Ilha de Djenné. A vila em si fica poucos quilômetros à frente, mas a paisagem, barcos de pesca e charretes dão uma atmosfera única para a chegada. Inacreditavelmente o ônibus conseguiu chegar ao centro, pois mesmo a via principal é bem estreita. Todas as outras ruas são ainda menores, praticamente corredores entre as casas de barro, algumas com arquitetura sahel-sudanesa.

Desci próximo à praça principal, com a grande mesquita de Djenné se destacando ao fundo, como se tomasse conta da cidade. Parei por alguns minutos contemplando tamanha beleza. Estava hipnotizado e involuntariamente ignorava diversas pessoas que me perguntavam para onde ia, se ofereciam como guias ou indicavam algum lugar para comer ou dormir. A fala delas se misturava com o barulho do dia a dia da pequena cidade. Eu olhava fixamente para a mesquita, que era ainda mais bonita do que qualquer foto que eu já havia visto. É a maior construção de barro do mundo. Todos os anos, após a temporada de chuvas, fazem um mutirão para reformar detalhes que possam ter sido danificados. Todo o conjunto, o ambiente, sons e cheiros davam uma percepção especial do lugar.

Procurei o antigo hotel Chez Baba, bem central e com excelentes preços, popular entre viajantes no passado. Descobri que havia fechado há alguns anos por falta de turistas. Baba havia assumido um antigo hotel-boutique, Djenné Djenno, já na saída da cidade. Fui até lá, e a distância foi recompensada pelo visual de pescadores tentando a sorte com suas redes, mulheres lavando grandes cestos de roupas e crianças tomando banho no rio.

Fiquei com receio do preço, pois o hotel, montado por europeus, já foi o melhor da cidade. Mas os tempos tinham mudado. Estava completamente abandonado. Alguns quartos praticamente colapsados. Baba me mostrou onde eu poderia ficar. Um quarto sujo, com um lençol que não deveria ter sido trocado há semanas ou até meses. Um pequeno ventilador e um mosquiteiro furado. A água do chuveiro ainda funcionava, a descarga não muito bem, mas tinha até um vaso sanitário.

Negociei um preço justo para aquelas condições, ou pelo menos algo perto disso. Baba ficou feliz em ter um hóspede e me convidou para comer junto com ele. Uma bacia com arroz, molho apimentado e alguns poucos pedaços de peixe. Sentamos no chão com a bacia no centro e logo chegaram para comer junto um professor que morava ali nos fins de semana e um rapaz que ajudava Baba a manter o local. Eu tentava pegar a comida somente com a ponta dos dedos, mas depois de vê-los agarrarem grandes quantidades com a mão toda fiquei aliviado. A bagunça era bem maior, mas facilitava bastante. Depois do almoço, ficamos conversando embaixo das sombras das árvores do jardim interno até o calor aliviar um pouco. Era o sinal para eu voltar para a cidade e andar aleatoriamente, me perdendo na cidade histórica, explorando cada ruela.

Conversei com diversas pessoas e joguei bola com a criançada na praça principal. A atenção para as crianças foi tanta que as coisas acabaram saindo um pouco de controle. Carentes de atenção e de turistas, elas me cercavam, me tocavam e não me deixavam em paz mesmo depois de diversas tentativas. Foi quando apareceu um jovem que, aos gritos, tocou-as violentamente dali. Conversei com ele e acabei contratando o para ser meu guia no dia seguinte. Naquele momento queria ficar sozinho, andar sem destino, sem nenhum tipo de obrigação.

Fiéis ao termino da oração

Com a chegada da noite, o movimento aumentava consideravelmente. Imaginei que fosse pelo frescor, mas mais e mais pessoas foram surgindo nas ruas, muitas delas bem-vestidas. Carroças chegavam descarregando famílias inteiras no centro, então percebi que algo diferente estava para acontecer. Encontrei o professor que havia almoçado comigo. Ele era de outro vilarejo, mas foi *transfer*ido para a região. Durante a semana dava aulas em uma vila mais afastada, mas retornava para o hotel nos fins de semana.

Questionei-o sobre o movimento aparentemente fora do comum e descobri que naquela noite seria comemorado o Mouloud, batismo do Profeta Mohamed. Eu nem sabia da existência desse feriado e fiquei todo empolgado. Historicamente, Djenné sempre foi um importante centro religioso para o Islã e pessoas vieram de lugares muito distantes para a celebração. Alguns membros de diversas irmandades se deslocaram de países vizinhos, como Senegal e Costa do Marfim.

Homens santos, chamados de marabutos, reuniam seus fiéis e faziam pequenas pregações. A liturgia mudava muito de grupo para grupo, mas ao cair da noite muitos estavam cantando e recitando poesias, o que logo me lembrou de meu encontro com os Mourides no Senegal. Andei com meu amigo pelos corredores estreitos, entorpecido com a música e tentando descobrir de onde vinha. Eu sempre era convidado para me sentar e participar. Na maioria das vezes aceitava e aproveitava todo o clima do momento.

Meu amigo não cansava de repetir o quão privilegiado eu era de estar ali naquele momento. Falava com brilho nos olhos que eu poderia participar da Fatiha à noite, a bênção na praça central, em frente à mesquita. Só quando eu estava lá entendi. No meio daquela multidão, todos juntos, uma paz sublime tomou conta de mim. Algo inexplicável, como se fosse o clímax proporcionado por horas de música sendo repetida sem parar até aquele momento.

Dormi profundamente e muito feliz. No dia seguinte tinha dificuldade para distinguir o que era sonho e o que realmente havia acontecido. No decorrer do dia fui encontrando pessoas e as coisas foram clareando um pouco. Era uma segunda-feira, dia de mercado na cidade. Se o mercado local já fica cheio normalmente, estava fervendo pelo acréscimo de pessoas vindas para as celebrações. Havia até congestionamento de charretes e carroças. Ruas inteiras tomadas por fardos de lenha, combustível que utilizam para cozinhar. Barracas na praça principal, todas coloridas, deram um tom diferente para a cidade e para a mesquita ao fundo.

Cena cotidiana em Djenné

Fui com meu guia conhecer todos os cantinhos da cidade, patrimônio da UNESCO, que historicamente já foi um grande centro comercial e de conhecimento. Ninguém pareceu se importar quando atravessei uma placa que indicava que só muçulmanos poderiam ir adiante. Eu era o único turista. Provavelmente todo mundo sabia que eu estava por ali. Passei por escolas corânicas, onde crianças sentadas no chão recitavam o Corão repetidamente. Perguntei ao meu guia qual Sura recitavam, e ele disse que era Maryam, a história de Maria, mãe de Issa, como chamam Jesus no Islã. Toquei um burrico que estava encostado à sombra e fiquei observando por alguns minutos. Mal sabia que passaria por tantas outras escolas corânicas logo adiante. Além dessas escolas, a cidade já foi conhecida por possuir muitas madraças, onde ensinavam diversas matérias, inclusive científicas.

Diversas lendas, como o poço do sacrifício e a antiga cidade Djenné Djenno, já mais afastada, fizeram parte do roteiro. Passamos pela casa da família Maiga, no estilo Toucouleur, onde vive o Wéré, chefe da região. Terminamos na casa do meu guia, às margens do rio, tomando chá com a família dele. Ao voltar para o centro da cidade, fui abordado por soldados. Pediram para eu me registrar na delegacia. Nada demais, somente burocracia mesmo, mas pelas datas dos registros vi que apenas um japonês havia estado por ali pouco mais de uma semana antes. Definitivamente o turismo caiu na região. Um lugar espetacular, uma das grandes atrações não só do país, mas de todo o continente ou até do mundo. Infelizmente abandonado pelo turismo, uma pena. Com certeza a população local sofre muito com essa ausência. Enquanto as coisas não retornam à normalidade, vão vendendo produtos básicos no dia de feira para sobreviver.

Subi no terraço de uma construção em frente à praça para ver a vida passar. Admirava aquele caos ordenado, todo colorido entre as casas monocromáticas de adobe. O tempo passou devagar e aproveitei da melhor maneira que pude. Logo teria que partir, e seria muito mais fácil conseguir transporte no dia de feira. Quando chegou o dia, não tive que esperar muito para que uma van lotasse e logo estávamos na estrada sentido norte, para Mopti. Mas não imaginava que teríamos que ficar esperando tanto tempo para a balsa encher de carros e fazer a travessia. A única vantagem foi que pude saborear um delicioso peixe defumado em uma das barraquinhas de comida.

A viagem não foi muito demorada. Algumas horas e controles de passaporte depois, eu estava chegando a Mopti. A cidade onde os rios Bani e Níger se encontram é de grande importância. Dali saem as embarcações que navegam até a histórica Timbuktu. Dentre outros, os importantes Impérios do Mali e depois de Songai dominaram toda a região. No apogeu do Império do Mali, Mansa Musa, seu grande monarca, fez história. Em uma peregrinação a Meca, o rei dos reis levou uma comitiva de 70 mil pessoas e muitos animais, incluindo mais de 100 camelos, grande parte deles carregados com ouro. Quando passou pelo Cairo, no Egito, distribuiu tanto ouro que derrubou o valor do metal por anos. Além de diversas testemunhas oculares da época, também existem muitos relatos escritos sobre essa jornada. Há quem diga que Mansa Musa tenha sido o homem mais rico de todos os tempos. Infelizmente os impérios africanos ainda são pouco estudados nas aulas de história mundo afora.

Infelizmente minha ida para Timbuktu ficaria para outra vez. Mopti já fica em uma região bem mais sensível, e já havia sinais de instabilidade. Na semana anterior à minha chegada, tropas francesas haviam bombardeado a base de um grupo terrorista ao norte da cidade. Por segurança, optei por ficar hospedado na cidade irmã de Mopti, Sévaré, estrategicamente bem localizada.

Jogo de pebolim

Meu hotel ficava próximo da rodoviária, em frente à estrada que leva até o país Dogon. Gostaria de explorar o país Dogon com calma, mas a volatilidade da região não deixaria que acontecesse. Era preciso chegar, conhecer e sair da região o quanto antes. Para facilitar e agilizar o processo, contratei uma agência especializada que me levaria de carro até o início da trilha.

Bem cedo, meu motorista e meu guia passaram para me buscar. Fomos até Bandiagara, a principal cidade da parte sul do país Dogon. A porção norte, onde fica a incrível Mão de Fátima, infelizmente estava inacessível para turistas naquele momento, e vi grupos de dogons com seus chapéus coloridos de três pontas e com rifles nas costas mesmo ainda distante da sua região. Além de todos os problemas com os tuaregues e grupos terroristas, existe uma tensão étnica entre dogons e fulas que tem ocasionado diversos conflitos, agravados pela seca que assola a região. As chuvas anuais não têm sido suficientes e a pouca água que resta acaba sendo disputada entre agricultores, criadores de gado e caçadores.

Avançamos para o interior, longe de tudo isso. Quando a pequena estrada de pedra terminou, seguimos a pé. Foi então que o país Dogon passou a se revelar. Pequenas vilas ao longo de uma escarpa, cada qual com sua peculiaridade. A cultura dogon é fortíssima e difere completamente de tudo o que eu havia visto no restante do país. Eles são politeístas, com um sistema de crenças, mitos e cosmologia complexos. Com conhecimento de astronomia apurado, há séculos identificaram as luas da estrela Sírius. Dizem que seus antepassados vieram de lá. Com poucos registros escritos, a informação vai sendo passada através de danças e representações com máscaras nas festividades mais importantes.

Portas de madeira talhada, máscaras e estatuetas tornam as vilas lugares muito especiais. No centro delas, uma estrutura baixa, com quatro ângulos, onde todos se reúnem para tomarem as decisões mais importantes. Dizem que ninguém pode se exaltar, pois se levantar rápido vai bater a cabeça no teto.

Uma caminhada belíssima, com visual de tirar o fôlego. Em algumas formações rochosas há vestígios de construções do povo tellem, que viveu por ali antes da chegada dos dogons. A mistura de natureza com a cultura única da região deixa qualquer um fascinado. O sol castigava, e às vezes poços que foram cavados em verdadeiros túneis para armazenar água eram a única maneira de matar a sede. Uma escada íngreme fazia com que se tornassem cisternas abastecidas de água no período de chuvas. No caminho, muitas vezes encontrei dogons trabalhando em plantações de cebola, que são comercializadas em feiras bastante distantes.

Escola dentro de casa tradicional, Ségou

Em cada vilarejo eu escalava até a parte mais alta para ver a aparência única das casas e seus silos pontiagudos. Os templos de adoração, crânios de macacos pendurados e casas para onde mulheres menstruadas precisam se retirar também fazem parte da arquitetura local. Na parte de baixo do cânion, onde passa um pequeno riacho, árvores e pássaros contrastam com a terra árida que se perde no horizonte visto de cima. Para ser bem recebido, nada de presentes ocidentalizados ou dinheiro. O que mais gostam de receber é a noz-de-cola mesmo, estimulante apreciado, porém difícil de conseguir por ali. Garantia de sorrisos e boas conversas.

Foi um dia incrível e muito enriquecedor passando por Dourou, Begnimatu, Aindelou, entre outras vilas menores. Quem sabe no futuro não volto para fazer caminhadas mais longas, dormindo nos vilarejos. Na volta ainda passamos em Songo, cercada de colinas. Subimos rapidamente em uma delas e encontramos um paredão entre cavernas onde existem diversas pinturas, algumas antigas, outras novas, feitas durante as festividades que acompanham a circuncisão dos jovens.

Tivemos que nos apressar para retornar antes de o sol se pôr. Em função dos conflitos, tinham determinado um toque de recolher. Cheguei ao hotel exausto, mas depois de um bom banho já estava procurando algum lugar para comer. Havia o restaurante do hotel, mas queria algum lugar mais autêntico. Sem muitas opções nas redondezas, acabei numa barraquinha onde assavam bode em uma grelha. Escolhi alguns pedaços aleatórios e comprei alguns pães. Muita comida por menos que o equivalente a dois euros. Comia meus sanduíches com satisfação quando senti que estava sendo observado. Olhei pelo canto do olho e vi que crianças aguardavam as pessoas se retirarem da mesa para pegar qualquer resto de comida ou até ossos e migalhas de pão. Não consegui mais comer. Virei para oferecer o último sanduíche do meu prato. Fui atacado. Em fração de segundos ele já estava na boca dos garotos e pedaços tinham sido colocados em sacolas plásticas.

Depois de um longo e exaustivo dia eu deveria dormir bem, mas a comida me pesou. Não sei se era o pedaço de fígado ou as linguiças gordurentas. A imagem das crianças esfomeadas também não ajudou. Martelava na minha cabeça. Revirei-me na cama por algum tempo e logo era hora de caminhar até a rodoviária para pegar o ônibus da madrugada, que iria até meu próximo destino, Ségou, e não entendi por que sair tão cedo se poucos quilômetros adiante fomos parados pelo controle do Exército e tivemos que aguardar o amanhecer para seguir viagem. De qualquer forma dormi, não profundamente, mas consegui descansar. Os ônibus que partem de madrugada ajudam bastante na logística. Apesar das longas distâncias, eu acabava chegando cedo ao destino seguinte, pronto para almoçar.

Ségou é uma das maiores cidades do país, mas achei bastante calma e relaxante. Talvez pela região onde fiquei hospedado, numa casa tradicional de adobe, bem em frente ao rio Níger. A casa parece uma pequena fortificação, com um pátio interno e todos os quartos ao redor. Na área comum é que tudo acontece. Cozinham com lenha, criam pombos para a alimentação e têm até um quadro-negro usado para educar as crianças menores. Alugam um dos quartos para turistas para conseguir uma renda extra. Foi uma ótima experiência aliada à possibilidade de imersão no dia a dia deles.

Bem localizado, eu podia fazer quase tudo a pé. Caminhei pela região onde se concentram a maior parte das casas tradicionais, todas de barro, com seu estilo único. Ao longo do rio acompanhei a rotina dos pescadores e também de agricultores, já que aproveitam a terra fértil das margens e cultivam grandes hortas, muitas delas cercadas. Nem parecia um centro urbano, tinha um clima de interior.

Tábua de madeira do Alcorão

Multidões cantando e rezando nas ruas de Djenné

Perto da rua dos artistas, um rapaz se ofereceu para ser meu guia. Era muito insistente, passando um pouco dos limites. Já estou tão acostumado a lidar com essas situações que tenho respostas prontas. Quando ele percebeu que não venceria ainda tentou me vender artesanato e depois maconha. Logo desistiu. Mas nos dias seguintes, quando me encontrava na rua, fazia questão de me cumprimentar e repetir a minha fala: "Talvez amanhã?". E eu dizia: "Sim, quem sabe...".

Existe um setor da cidade com grandes casas coloniais e até uma igreja católica, herança da época da administração francesa. Muito gostoso caminhar pela sombra das grandes árvores que tem por lá, mas minha maior curiosidade era conhecer Segou-Koro, a cidade velha. Não fica muito longe do centro, 15 quilômetros talvez. O filho mais velho da família que me hospedava, Aboubacar, fez questão de me levar até lá de moto, facilitando bastante as coisas. Para conhecer a antiga capital, é preciso passar na casa do chefe local. Uma casa tradicional bonita, com um pátio interno gigantesco se comparado com o da casa onde me hospedava. Dizem que ele é descendente de Bilton Mamary Coulibaly, fundador do Império de Ségou, em 1712, e mantém a pose como tal.

Sentei-me em frente a ele e com paciência e curiosidade escutei-o falar em um tom calmo e contínuo, por bastante tempo, mesmo sem entender uma palavra. Meu amigo Aboubacar não ousou interrompê-lo nem uma só vez. Em uma rara pausa percebi que meu intérprete lhe contava um pouco sobre mim. Só depois que saímos ele pode traduzir todas as histórias que o chefe local contou. Fomos autorizados a conhecer a região em troca de uma pequena contribuição, é claro.

O Império de Ségou, também conhecido como Bamana, se formou após a fragmentação do grandioso Império de Songai. Caminhar por sua antiga capital e encontrar alguns vestígios do passado é muito gratificante. São três mesquitas antigas. A minha preferida fica estrategicamente posicionada à beira do rio Níger. É possível visitar o palácio com seus muros altos e até o túmulo do grande líder, instalado logo ao lado. Engana-se quem imagina algo só para turista ver, tudo está no meio do pequeno povoado, cheio de vida e atividades cotidianas, tornando a visita ainda mais agradável. No fim de tarde, um belo pôr do sol com reflexos no rio, com direito a revoada de milhares de morcegos que quase escurecem o céu. Um verdadeiro espetáculo.

Tive a oportunidade de jantar na casa de um casal que havia me ajudado com informações atualizadas do país antes da minha viagem. Ela holandesa e ele malinês, da região de Dogon. Trabalham com turismo no Mali e em países vizinhos, então foi uma troca bastante agradável.

Depois de dias tranquilos em Ségou, chegou a hora de voltar para o caos de Bamako. Peguei um ônibus diurno e acabei chegando bem na hora do *rush*. A capital tem tudo de bom e ruim que uma grande cidade pode apresentar. Não por acaso é cidade irmã de São Paulo.

O Mali possui uma cena musical muito ativa, com os diversos ritmos de todo o país. Incontáveis artistas internacionais vão para o país em busca de inspiração, e artistas locais como Ali Farka Touré, Salif Keita e Amandou et Marian, entre tantos outros, ganharam o mundo. Muitos dizem que o Mali é o berço do *blues*.

Em alguns momentos, navegando pelo Níger ou passeando pelos jardins do Museu Nacional, eu conseguia "sentir" a música dos meus artistas locais favoritos. Por outro lado, andando pelo centro em busca de prédios coloniais franceses e cenas cotidianas, era como se a música acelerasse na minha cabeça, quase explodindo, parecendo mais com um show de *trash-metal* mesmo.

Já nos arredores do movimentado mercado central e da grande mesquita, tudo para mesmo somente na hora da principal oração da semana, o Jumu'ah. Todos se alinham no meio da rua tomando diversos quarteirões, com uma merecida pausa para o barulho e caos generalizado. Mas é como um suspiro. É fácil perceber que o movimento diário logo vai voltar. E volta com tudo. Andei aleatoriamente pelo centro até o fim de tarde, quando atravessei a Pont du Roi Fahd numa van velha, até a região do meu hotel. Na parte mais alta da ponte o trânsito estava parado. Espremido entre corpos e sacolas, avistei a torre BCEAO, o maior edifício do oeste da África. Construído no estilo sudano-saheliano, ele se destaca na margem do rio. Em frente, pequenas embarcações navegam lentamente. Na margem oposta, mais cultivos de hortas urbanas. O sol foi se pondo devagar, os morcegos saíram para sua revoada e eu sabia que minha hora estava chegando. Teria um rápido descanso no hotel para, na madrugada, encarar a longa viagem de volta para casa. Sorriso no rosto, momentos incríveis na memória e apenas a certeza de que voltaria para acalmar meu coração no momento de despedida. A paixão já havia se transformado em amor há muito tempo, e novos capítulos de viagens por este continente incrível estariam por vir, disso eu tinha certeza.

Escola no País Dogon

O que o Mali tem a ver com o Lesoto? E a Suazilândia com a Libéria? Tirando o fato de estarem localizados no mesmo continente, esses países têm religiões, costumes, formas de governo, moedas, idiomas, leis, comidas, climas e topografias muito diferentes. Mas, para boa parte do mundo, tudo parece fazer parte de um único e desconhecido lugar chamado África. É por isso que Guilherme Canever escolheu o título Destinos Invisíveis – Uma Nova Aventura pela África para batizar seu quarto livro. Um relato de mais de 20 mil quilômetros percorridos e grandes descobertas em 18 países que não estão estampados nos anúncios das agências de viagem.

LEIA TAMBÉM:

GUILHERME CANEVER
DE CAPE TOWN A MUSCAT:
UMA AVENTURA PELA
ÁFRICA
pulp

GUILHERME CANEVER
DE ISTAMBUL A NOVA DÉLHI:
UMA AVENTURA PELA
ROTA DA SEDA
pulp

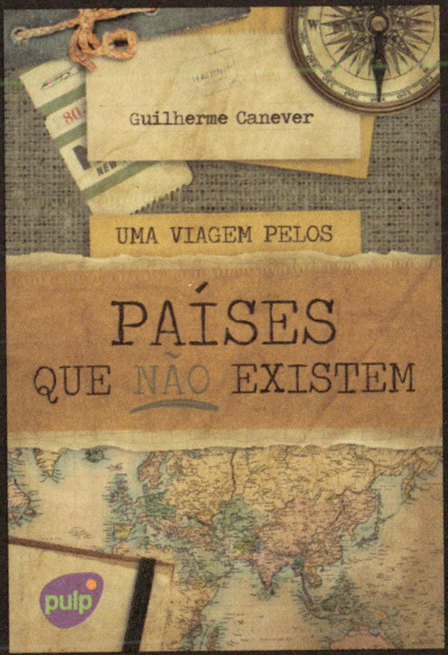
Guilherme Canever
UMA VIAGEM PELOS
PAÍSES
QUE NÃO EXISTEM
pulp

AFRICA

REPUBLIQUE DU SENEG
19 APR 2016
Ambassade
eiller Consulaire
OUT

VIAGEM INDEPENDENTE

saiporai.com

@SAIPORAI